Bruno Paura - Marina Sorge

Comme te l'aggia dicere

Il Distico Srl
Via Costantinopoli 94, 80138 – Napoli
www.intramoenia.it – info@intramoenia.it

Bruno Paura - Marina Sorge

Comme te l'aggia dicere?

ovvero l'arte gestuale a Napoli

The art of gestures in Naples - L'art des gestes à Naples - El arte de los gestos en Nápoles

Disegni di Alessia Cianflone

***Edizioni* Intra Moenia**

Bruno dedica questo libro
a suo padre, ad un maestro
Eduardo Caliendo
e ad un amico Gino Santoro.

Marina,
a sua sorella Roberta.

INTRODUZIONE

Ogni giorno per strada, a scuola, in ufficio, in autobus, guardandoci intorno vediamo persone che gesticolano freneticamente. Sembra che non riescano proprio a stare ferme con le mani. Questo accade non solo quando parlano. Infatti molto spesso si assiste a un gioco complice di sguardi e ammiccamenti accompagnati da gesti più o meno evidenti e percettibili. Se ci trovassimo al di là di un vetro a guardare due persone chiuse in una stanza che discutono animatamente potremmo molto probabilmente capire ciò che si stanno dicendo solo attraverso la mimica dei loro gesti e l'espressione dei loro visi. Questo naturalmente se si tratta di due persone che appartengono alla nostra stessa comunità.

L'affascinante molteplicità dei gesti esistenti, ci ha spinto a raggrupparne alcuni tra i più significativi attraverso le funzioni che essi intendono esprimere. Al tempo stesso, all'espressione dialettale che accompagna talvolta il gesto, abbiamo abbinato una traduzione in varie lingue, cercando di restare fedeli al suo significato originario. Tali espressioni non sempre vengono espresse, anzi diremo che molto spesso sono pleonastiche, vista l'esplicità del gesto in un dato contesto. Fondamentalmente, tra gesti plurisignificanti, osceni o schematici, abbiamo selezionato principalmente gesti mimici e simbolici.

Per quanto riguarda l'origine e l'interpretazione dei gesti scelti ci è sembrato opportuno utilizzare per alcuni le indicazioni, per molti aspetti ancora valide, forniteci da De Jorio nel suo studio[1], mentre per altri vogliamo proporre alcune ipotesi che ci sembrano possibili, che possono essere affiancate a quelle già esistenti o che potranno essere considerate innovative.

Ogni lingua rappresenta il risultato di una lunghissima storia, e pertanto è un fenomeno legato a sua volta al proprio contesto, alla sua evoluzione. Quando parliamo di linguaggio, invece, entrano in gioco non solo regole verbali, grammaticali e fonetiche, ma anche azioni simboliche. Il linguaggio dei gesti, in particolare, è il modo di esprimersi non verbale dell'essere umano. Il gesto ha sempre rappresentato una parte fondamentale del linguaggio. Alcune volte lo troviamo associato al linguaggio verbale ed è usato per sottolineare o rafforzare un concetto, altre volte è usato in sostituzione della parola perché meglio può esprimere sentimenti, stati d'ani-

mo ed emozioni altrimenti intraducibili in un contesto verbale. Ma mentre il linguaggio verbale ha sempre occupato un posto di primo piano, quello gestuale è stato considerato di gran lunga meno importante. Ecco perché forse oggi mentre abbiamo a disposizione centinaia di studi specialistici sul linguaggio verbale, non abbiamo molto materiale sullo studio dei gesti se si eccettuano quelli autorevoli di A. De Jorio e di D. Morris[2]. È perciò che questo libro si propone di fornire un dizionario dei gesti più comunemente usati presso i napoletani, sforzando di operare una sintesi dei diversi contributi e fornendone di nuovi laddove mancassero.

I gesti regionali come questi hanno una portata geograficamente limitata, ma alcuni di essi hanno origini lontane nel tempo. In questi casi non ha senso parlare di mode, ma di sopravvivenze culturali antichissime. Per esempio il gesto di negazione girando o dondolando la testa, che comunemente si trova in altre regioni italiane, viene molto spesso sostituito dallo strofinio del mento nell'area meridionale e particolarmente a Napoli, gesto che deve la sua distribuzione alle colonie greche presenti in queste zone più di duemila anni fa.

I gesti si riducono principalmente a due categorie: quelli illustrativi, mimici, che accompagnano la parola durante la conversazione e che si dimenticano facilmente un attimo dopo; e quelli emblematici, simbolici, che sostituiscono la parola e che derivano da una reazione emotiva con un preciso significato intenzionale. Questi ultimi sono difficili da interpretare e da spiegare perché di questi non sempre si conoscono le origini esatte.

Nei gesti simbolici la comunicazione è attuata con emissione di segnali e messaggi. Qui il gesto è un'attività finalizzata alla comunicazione ed è una garanzia di sopravvivenza comunicativa del gruppo. Sembra che il linguaggio verbale esista realmente solo nel gesto che lo rende tecnicamente efficace. Esso rappresenta una esteriorizzazione legata alla sopravvivenza del sistema collettivo. Usando i gesti mimici è facile e possibile farsi capire ovunque come il gesto di bere se si ha sete. I gesti simbolici, invece, implicano la conoscenza astratta e reale di una convenzione locale senza la quale la comunicazione gestuale non significherebbe nulla al suo interlocutore. In questo modo si attua il processo che dall'astratto porta al messaggio specifico che può essere positivo, negativo o ironico a seconda dei casi e del contesto in cui viene espresso. In tali pratiche gestuali sembra che il linguaggio non intervenga, infatti l'istinto gestuale è un fenomeno così complesso che la parola sembra svuotata di significato.

Per questo tipo di comunicazione l'uomo impiega molte parti del suo corpo: un'oscillazione della testa, un'alzata di sopracciglia, una piega della bocca, un'alzata di mento. A volte le dita di una mano, le braccia o il corpo tutto. Movimenti talvolta impercettibili e appena accennati, a volte palesi e manifesti, che comunque sono utilizzati quotidianamente, spesso inconsciamente, e accompagnano un pensiero, uno sguardo, un timbro di voce, uno stato d'animo. In questi momenti la comunicazione è veloce, intuitiva e serve a completare una frase o a sostituirla completamente. Se calato in un contesto significativo, questo tipo di messaggio è recepito dal suo interlocutore che lo comprende e risponde con un gesto altrettanto immediato. Tali gesti assumono valore di significato se inseriti in un determinato contesto conosciuto all'interlocutore. Essi quindi possono essere usati per integrare la parola o come mezzo espressivo autonomo, in ogni caso si tratta di un'azione inconsapevole e non premeditata.

Proprio perché spontaneo, il gesto denota un gruppo sociale che lo caratterizza e crea quindi complicità all'interno del gruppo.

I gesti che presentiamo sono un tratto caratteristico del Meridione. Ci sono sembrati alquanto significativi e possono essere ampiamente impiegati nelle specifiche circostanze e nei particolari contesti che spiegheremo. Si pensi ad esempio al simbolismo animale riferito alle corna del toro e intese come tradimento; al simbolismo sessuale quando si usa l'avambraccio o la bocca per segnali manifestamente osceni; o la mano e l'avambraccio che ruotano sullo stesso asse per indicare eccessiva ingenuità e che hanno sempre una connotazione sessuale. In questi casi la simbologia sessuale è sempre riferita ad organi maschili e mai femminili. I gesti erotici hanno avuto probabilmente origine nel '600 e nel '700 per la loro ambiguità rappresentativa caratteristica di tale periodo e non solo nella tradizione popolare, anche perché, nel secolo successivo, la società borghese bandisce l'erotismo soprattutto nella produzione letteraria e teatrale.

Molte volte un gesto può avere una spiegazione inventata che rimane solo sulla carta stampata, può assumere importanza e credibilità nel mondo culturale, ma non venire mai usata in un contesto sociale. La vera spiegazione simbolica si trova nell'uso che ne fa un popolo, che così facendo, riesce a rafforzare e a far sopravvivere quel gesto nel tempo e nella tradizione popolare, nonostante l'erosione culturale.

Diverso è il senso del linguaggio dei gesti se l'interlocutore appartiene alla stessa comunità, quindi allo stesso registro, o se è rivolto ad uno straniero. Nel secondo caso i gesti sono dovuti alla difficoltà di uno scambio linguistico verbale. Si usano allora gesti mimici che vogliono sopperire alla mancanza di qualche vocabolo o rafforzare, come per meglio spiegare, quello che si vuole dire. Il gesto, qui, obbedisce ad una ragione psicologica con gesti indicativi. Dobbiamo aggiungere che in questi casi talvol-

ta il segnale non verbale si può manifestare anche nel tono della voce.

I gesti di cui ci occupiamo vengono espressi attraverso una particolare posizione del corpo, con l'espressione del volto e degli occhi, con un certo movimento delle dita, delle mani e delle braccia. A volte, infatti, il movimento è così particolare e sottile, che l'immagine fotografica non ci è sembrata il mezzo migliore per esprimerlo e per questo si è ricorso ai disegni. Non sempre però l'individuo è preparato a cogliere il segno, in questo caso manca un adeguamento alle regole e la comunicazione viene interrotta. Ma l'adeguamento può avere significati diversi a seconda della situazione in atto. Per questo motivo è importante considerare il contesto e la conoscenza del soggetto della conversazione. Si veda per esempio il segnale di attenzione espresso con gesti completamente diversi se si vuole esprimere minaccia o pericolo. Se il contesto dovesse mancare si possono osservare le espressioni del viso di chi manda il segnale. Si pensi ad una stretta di mano se accompagnata o meno da un sorriso quando si saluta qualcuno. Infine il gesto può essere anche solo accennato, ma il suo significato essere chiaramente espresso: si vuole indicare apprezzamento o complimento con il gesto di arricciarsi i baffi per indicare una bella ragazza, e con quello di avvitarsi l'indice nella guancia si esprime lo stesso concetto, anche se con sfumature e origini diverse.

Vi sono infine alcuni gesti che ormai sono poco usati o che vengono velocemente sostituiti da altri.

Lo scopo del libro è quindi anche quello di rivalutare l'importanza del gesto, a volte considerato appartenente ad una categoria sociale di tipo inferiore, e di illustrare gesti che raccontano un vero e proprio mondo di idiomi comuni ad un dato complesso di individui.

Considerando che molti gesti hanno significati diversi a seconda del contesto sociale in cui sono calati, si è cercato di dare una traduzione delle azioni in inglese, in francese e in spagnolo quanto più vicina alla realtà. Anche se a volte la stessa traduzione italiana rischia di far perdere o comunque sminuire il significato originario del gesto, si deve pensare alla sottile sfumatura di significato che il gesto rappresenta e non necessariamente al suo significato verbale. Le traduzioni sono state fatte comunque per permettere ad individui di altre lingue e culture di "vedere tutto questo come se non avesse con esso altro rapporto se non vederlo... Poter scorgere nella pescivendola la sua realtà umana, a prescindere dal fatto che sia chiamata pescivendola... capire tutto per la prima volta... come una fioritura della realtà"[3].

1 – CHIANO CHIANO

Traduzione

Italiano	*Lentamente*
Inglese	*Slowly*
Francese	*Doucement*
Spagnolo	*Lentamente, mas despacio*

Mimica

La mano tesa oscilla lentamente sul braccio piegato.

Gesto simbolico

Si rivolge a colui che parla troppo velocemente o più in generale a chi affretta il tempo senza riflettere. In questo modo si invita l'interlocutore a rallentare la velocità del suo agire come quello indicato dalla mano.

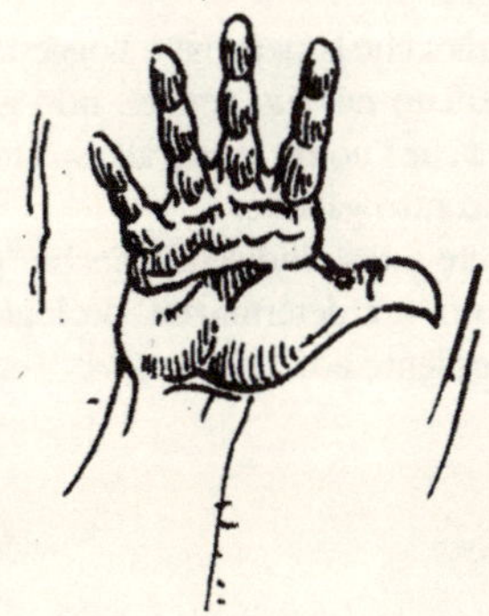

2 – M'ALLISCIO 'E BAFFE, 'E MUSTACCHI

Traduzione

Italiano	*Arricciarsi i baffi*
Inglese	*To curl one's moustache*
Francese	*Friser les moustaches*
Spagnolo	*Atusarse los bigotes*

Mimica

L'indice ed il pollice arricciano la punta di un immaginario baffo.

Gesto simbolico

Con questo gesto si indica che la persona o l'oggetto in questione, ha i baffi, cioè è perfetto nel suo genere, non gli manca nulla; esso deriva dalla cura che l'uomo presta alla sua immagine soprattutto prima di un incontro galante.

Il simbolismo può essere esteso indicando anche "perfezione" nel senso di peso giusto, ora determinata, orologio esatto, persona ben fatta, vino eccellente ecc.

3 – BELLA GUAGLIONA, SAPURITO

Traduzione

Italiano	*Bella ragazza, saporito*
Inglese	*Pretty girl, tasty*
Francese	*Belle fille, savoureux*
Spagnolo	*Guapa, sabroso*

Mimica

1. Mano a pugno, indice e pollice si avvitano sulla guancia.
2. La punta dell'indice contro la guancia compie una rotazione
3. Le punte delle dita vengono baciate ed in seguito aperte.

Gesto simbolico

I movimenti 1 e 2 possono essere considerati gesti simbolici di apprezzamento specifici anche per indicare la bellezza umana ed in particolare quella femminile. Morris (1986) tuttavia suggerisce che in Italia l'avvitamento sulla guancia, indica che la pasta è al punto giusto di cottura, "al dente"; pertanto questo gesto in origine rivolto al cuoco, sarebbe stato successivamente ampliato nel suo significato e contesto originario. L'atto del baciare le punte dei polpastrelli (movimento 3) denota un evidente atto d'apprezzamento verso la persona, l'oggetto o la situazione cui si fa riferimento.

4 - BUONO!

Traduzione

Italiano — *Che contentezza!*
Inglese — *What a joy! Well, Good!*
Francese — *Quelle joie! Bon!*
Spagnolo — *¡Bien!*

Mimica

Le mani vengono sfregate ripetutamente tra di loro lungo i palmi.

Gesto simbolico

Probabilmente lo sfregarsi le mani e il relativo calore che se ne ricava arrecano un certo piacere, una certa soddisfazione.

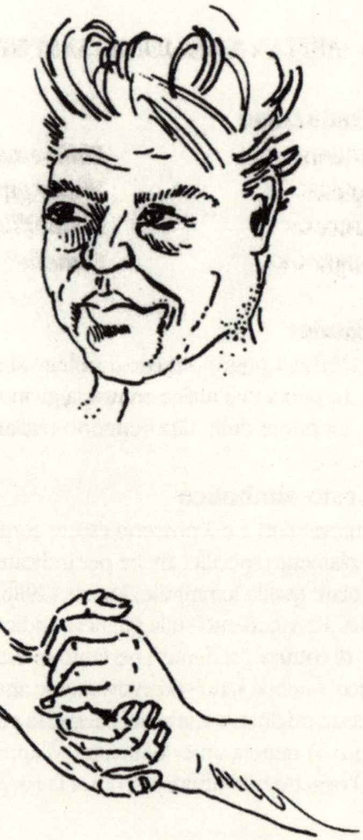

5 - BELLA FACCELLA

Traduzione

Italiano	*Che bel visino*
Inglese	*What a nice face!*
Francese	*Quelle jolie figure!*
Spagnolo	*¡Que cara bonita!*

Mimica

Il pollice e l'indice seguono i lineamenti del viso scendendo dalle gote fino alla punta del mento.

Gesto mimico

Il gesto sottolinea le delicate fattezze del viso.

6 - È UNO BUONO, È 'NA CARTA 'E TRESSETTE

Traduzione

Italiano	*È uno che conta*
Inglese	*He is somebody*
Francese	*Il est quelqu'un*
Spagnolo	*Es un pez gordo*

Mimica

Il pollice come la lama di un coltello scivola lungo la guancia.

Gesto simbolico

Appartiene probabilmente al gergo della malavita dove la persona "sfregiata" era considerata di valore.

Collegato al gergo della malavita è anche la seconda espressione dove il pollice disteso richiama alla memoria la figura dell'asso di bastoni delle carte napoletane. Poiché nel gioco del tressette la carta che ha il massimo valore nella conta del punteggio è l'asso, la persona in questione è considerata di gran pregio e perciò degna di rispetto, impegnata generalmente in attività poco lecite o ai margini della legalità.

7 – ASTRINTO 'E MANE

Traduzione

Italiano	*È un tirchio*
Inglese	*He is mingy*
Francese	*Il est pingre*
Spagnolo	*Es un tacaño*

Mimica

Le mani si stringono a pugno ritirandosi vicino al petto indicando così il forte senso di possesso che ha l'oggetto del discorso.

Gesto mimico

È un gesto ironico che indica esattamente il contrario di una persona generosa sempre pronta a distendere le braccia ed aprire le mani per accogliere ed aiutare il prossimo.

8 – TENGO SETE, È NU ’MBRIACONE

Traduzione

Italiano	*Ho sete, è un ubriacone*
Inglese	*I'm thirsty, he's a boozer*
Francese	*J'ai soif, il est un pochard*
Spagnolo	*Tengo sed, es un Borracho*

Mimica

Mano con pollice e mignolo distesi; le altre dita sono raccolte nel palmo della mano cercando di rappresentare una bottiglia. Si avvicina il pollice alla bocca.

9 – NA TAZZULELLA 'E CAFÈ

Traduzione

Italiano	*Una tazzina di caffè*
Inglese	*A cup of coffee*
Francese	*Une tasse de café*
Spagnolo	*¿Tomamos un café?*

Mimica

Il pollice e l'indice vengono fatti combaciare per le punte come per prendere il manico di una tazzina di caffè; contemporaneamente la mano ruota più volte lungo l'asse maggiore mimando in tal modo l'atto del sorseggiare.

10 – HA CAGNATO

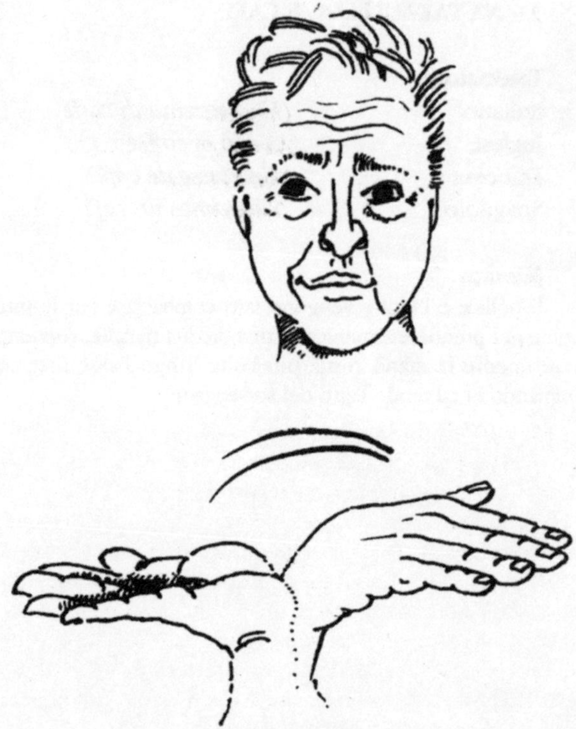

Traduzione

Italiano	*Ha cambiato idea*
Inglese	*He's changed his mind*
Francese	*Il a changè d'avis*
Spagnolo	*Ha cambiado opinión*

Mimica

Si rivolge prima il dorso e poi il palmo della mano.

Gesto simbolico

Il palmo ed il dorso della mano che in questo caso rappresentano le due idee contrapposte, evidenziano quanto sia stato facile e repentino il cambio di opinione o la presa di posizione di una persona rispetto ad un fatto accaduto.

11 – CHE VVUÒ?

Traduzione

Italiano	*Cosa desideri?*
Inglese	*What do you want?*
Francese	*Que veux tu?*
Spagnolo	*¿Que quieres?*

Mimica

Le dita della mano sono disposte a borsa con le dita distese riunite nello stesso punto e rivolte verso l'alto oscillano ripetutamente sul polso.

Gesto simbolico

Questo gesto si riferisce a persone che parlano molto senza farsi comprendere o per ignoranza o per malizia.

La mano a borsa utilizzata in questo contesto viene interpretata da Morris (1983) come un "segno di accentuazione gestuale" che serve ad enfatizzare, a sottolineare alcune parti del discorso. I cosiddetti segni a "borsa" così come definiti da Morris per la posizione della mano a forma di sacchetto o piccolo fardello è, fra tutti i segni della mano, quello che può assumere un maggior numero di significati. Nel caso in esame il gesto risulta composto in quanto le dita ed il dorso della mano potrebbero rappresentare un pugno con l'evidente minaccia all'interlocutore a non fargli perdere tempo; la posizione assunta invece dalle punte riunite potrebbe simboleggiare la presa di un oggetto piccolissimo ed immaginario; si richiederebbe in questo caso all'interlocutore una maggiore precisione nel suo discorso, come a dire "riunite le idee o raccogliete le vostre parole in un punto per dire cosa volete" (De Jorio op. cit.) Ad ogni modo la mano a borsa ha sempre il significato di un'interrogazione e spesso può da sola sostituirsi alle parole o alla domanda.

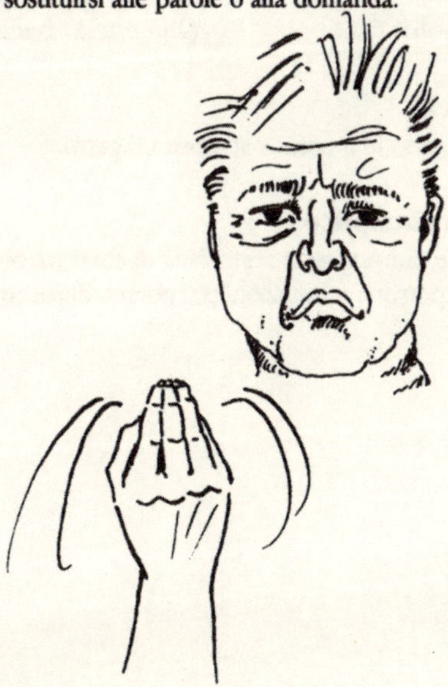

12 - C'AGGIA FÀ?

Traduzione

Italiano	*Cosa posso fare ormai?*
Inglese	*What can I do?*
Francese	*Qu'es ce que je peux faire?*
Spagnolo	*¿Que puedo hacer?*

Mimica

Si allargano le braccia e si mostra il petto.

Gesto simbolico

Si vuole dimostrare la remissività di chi è sottoposto ai voleri del fato, di persone o istituzioni più potenti di chi compie il gesto.

13 - CHE VVUÒ CCHIÙ?

Traduzione

Italiano	*Cosa vuoi ancora?*
Inglese	*What do you want more?*
Francese	*Que veux tu encore?*
Spagnolo	*¿Que mas quieres?*

Mimica

Le mani congiunte come nell'atto di pregare ed avvicinate al petto, oscillano ripetutamente.

Gesto simbolico

È quasi un atto di supplica che viene richiesta all'interlocutore e si effettua quando il gestuante non ha più risorse intellettive o materiali al suo attivo. L'oscillazione serve forse ad enfatizzare questa richiesta, è un percuotersi il petto in segno di penitenza. Non va tuttavia escluso che in questo gesto sia contenuto e lanciato anche un messaggio di aggressività (vedi affinità con il gesto "te vatto" n. 68) per aver troppo a lungo e pazientemente sopportato.

14 – SE SONGO ACCUCCHIATE

Traduzione

Italiano	*Hanno fatto comunella*
Inglese	*They ganged up*
Francese	*Ils ont tramé*
Spagnolo	*Estan en comandita*

Mimica

Con le mani distese e poste orizzontalmente si fanno unire e separare gli indici lateralmente. Se si vuole invece far riferimento ad una relazione amorosa allora vengono fatti combaciare ed allontanare all'estremità il pollice e l'indice.

Gesto mimico

Il far combaciare perfettamente gli indici delle due mani indica l'unione, l'immedesimazione, la complicità che nasce dal modo di pensare e di operare fra due persone.

L'intesa amorosa e l'intimità sono contenuti nel breve gesto di toccarsi le punte dell'indice e del pollice che imitano così il movimento di avvicinarsi per poi allontanarsi dei volti di due persone che si baciano.

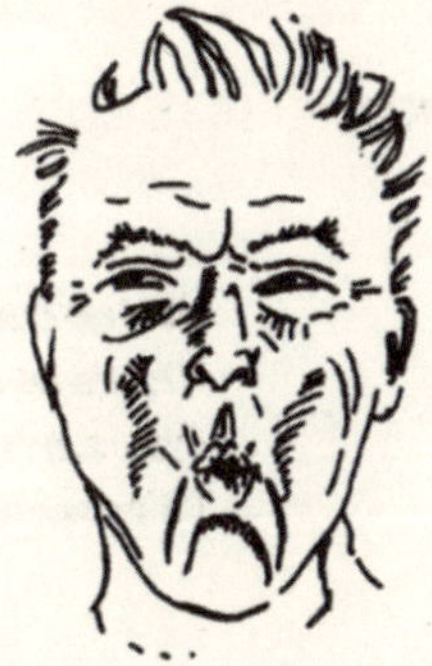

15 – AUM AUM

Traduzione

Italiano	*Nascostamente*
Inglese	*Hiddenly*
Francese	*En cachette*
Spagnolo	*A escondidas*

Mimica

Si rimestola la mano a doccia con le punte rivolte verso il basso con le labbra che possono essere sporte come nell'atto di dare un bacio o di succhiare.

Gesto simbolico

Questo gesto potrebbe ricordare quello di impastare gli ingredienti di un dolce, al tempo stesso amalgamandoli e trasformandoli. Nell'impasto si può cambiare e nascondere qualcosa. In un'accezione complementare il dorso della mano rappresenterebbe la superficie, l'apparenza delle cose, mentre il movimento delle dita indica le azioni nascoste. Un'altra ancora potrebbe ricordare il movimento di intorbidire le acque per agire illecitamente.

Il movimento delle labbra, reso immortale da Totò nel film "Totò Sceicco", veniva associato alla ormai famosa frase "Birra e salsicce".

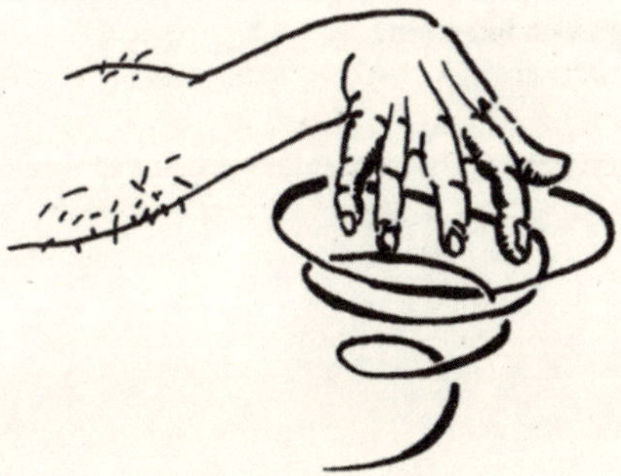

16 - VA FUJENNO

Traduzione

Italiano	*Va di corsa*
Inglese	*He is in a hurry*
Francese	*Il va très vite*
Spagnolo	*Va escapando*

Mimica

La mano posta di taglio si sposta ripetutamente dal basso verso l'alto mentre polso rimane fermo.

Gesto simbolico

La mano rappresenta la persona nell'atto di allontanarsi correndo lungo una linea retta.

17 – ACCUSSÌ ACCUSSÌ

Traduzione

Italiano	*Così così*
Inglese	*So and so*
Francese	*Comme ci comme ça*
Spagnolo	*Asì asì*

Mimica

La mano distesa ed aperta col palmo rivolto verso il basso oscilla lungo l'asse maggiore.

Gesto simbolico

Il palmo e il dorso distesi indicano generalmente il positivo e il negativo, gli opposti; l'oscillazione manifesterebbe pertanto uno stato, una condizione (di salute, di umore,...) intermedia.

18 – MMOCCA MMOCCA

Traduzione

Italiano	*Credulone*
Inglese	*Sucker, gull*
Francese	*Jobard*
Spagnolo	*Lo cree, traga todo*

Mimica

La mano, a forma di borsa, rivolge le punte verso la bocca aperta del gestuante.

Gesto simbolico

Si indica che l'interlocutore a cui si rivolge il gesto, "berrebbe" o ingoierebbe qualsiasi fandonia, anche esageratamente grande; quest'ultima è simboleggiata dalla grandezza della mano a borsa eccessivamente grande per poter passare attraverso un esofago naturale o per essere accettata da un intelletto critico.

19 – CHIÒ CHIÒ

Traduzione

Italiano	*Credulone*
Inglese	*Sucker*
Francese	*Jobard*
Spagnolo	*Credulo, le han toreado*

Mimica

La mano a borsa disposta ad angolo retto sull'avambraccio messo in verticale, rivolge le punte verso l'interlocutore.

Gesto simbolico

"Sei stupido come una gallina!" sembra dire questo gesto. In effetti la postura delle mani e delle braccia impegnate così come l'espressione verbale onomatopeica "chiò chiò" corrispondente al richiamo "pio pio", servono a raffigurare efficacemente una gallina. Secondo altre interpretazioni popolari questa espressione deriva dal verso del fringuello, tipico uccello cantatore che veniva spesso barbaramente accecato per migliorarne le doti canore. Da qui forse il riferimento a chi, per tonteria o distrazione non riesce a "vedere" ovvero a scorgere o comprendere un avvenimento che sta sotto i suoi occhi. L'oscillazione della mano a borsa inoltre, enfatizza ulteriormente la creduloneria del soggetto mimando il movimento della sua testa sempre pronta ad abbassarsi per dire "si".

20 - SI NÙ TURZO

Traduzione

Italiano	*Sei uno sciocco (vali quanto un torsolo)*
Inglese	*You are dull*
Francese	*Tu es trognon*
Spagnolo	*Tu eres credulo*

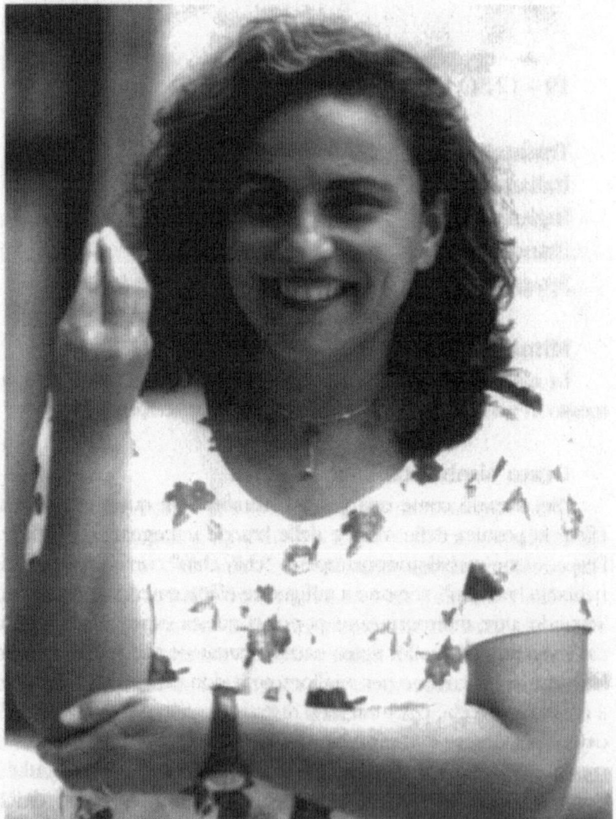

Mimica

La mano a borsa e l'avambraccio posto in verticale ruotano leggermente lungo l'asse maggiore.

Gesto simbolico

La mano a borsa rappresenta la testa di una persona che facilmente può essere "raggirata" come si vuole. Alla creduloneria, (gesto n. 18), è sempre stato associato l'atto di ingoiare a dismisura dilatando l'esofago, visto in questa sede come rappresentazione delle qualità intellettive. A tale proposito si rammenta l'esistenza di altri due gesti fra loro simili ed ora in disuso come quello di mettersi le dita fra la cravatta ed il collo o di allentarsi, allontanarsi il nodo della cravatta quel tanto che fosse bastato a dar spazio maggiore alla gola e quindi all'esofago. Il gesto, oltre che in tono canzonatorio, può, per il suo riferimento a qualunque frutto acerbo e senza sapore, essere usato anche in senso dispregiativo.

21 - UÒSEMO

Traduzione

Italiano	*Fiutare*
Inglese	*To smell, to scent*
Francese	*Flairer*
Spagnolo	*Olfatear*

Mimica

Il naso si arriccia e viene simulato l'atto del fiutare del cane.

Gesto mimico

Il fiutare come un segugio è seguire un indizio, quindi spiare, curiosare nei fatti altrui.

22 - AGGIO AVUTO 'NA MAZZATA 'NFRONTE

Traduzione

Italiano	*Ho ricevuto una batosta*
Inglese	*I bad a stroke of bad luck*
Francese	*J'ai reçu un gros coup*
Spagnolo	*He recibido un mazazo*

Mimica

La mano in verticale e posta ad ascia colpisce con l'indice il centro della fronte.

Gesto mimico

Viene rappresentato in modo molto esplicito l'atto di aver ricevuto una bastonata, ovvero un danno anche di notevole entità senza che la persona interessata abbia avuto modo di evitarlo. In una accezione più ampia tale gesto si riferisce anche a conseguenze dannose nell'aver compiuto errori di valutazione su persone o l'essere caduto in disgrazie amorose.

23 - L'HA PIGLIATO 'NCULO!

Traduzione

Italiano	*Ha preso la fegatura!*
Inglese	*He's been cheated*
Francese	*Il est foutu*
Spagnolo	*¡Lo han cojido, culiado!*

Mimica

Il palmo della mano con la punta delle dita rivolte all'interno spinge avanti e indietro.

Gesto simbolico

Il gesto, che richiama l'atto della sodomizzazione, fa ovvio riferimento all'omosessualità che, nell'immaginario popolare, viene associata a scarsa forza fisica ed intellettuale; pertanto si accusa il soggetto a cui viene rivolto questo gesto di non avere avuto la sufficiente scaltrezza, avvedutezza o energia per ricondurre un'avvenimento a proprio favore.

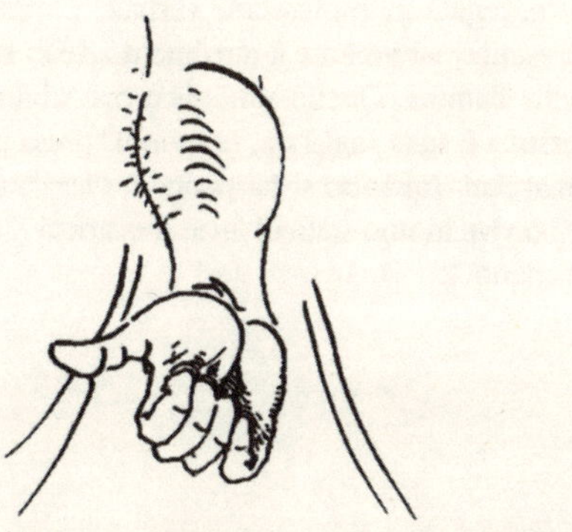

24 - L'ABBRUSCIA 'O CULO

Traduzione

Italiano	*È stato fregato (Lett. gli brucia il culo)*
Inglese	*He has been cheated*
Francese	*Il a été fauchè*
Spagnolo	*Esta jodido*

Mimica

La mano a borsa con la punta delle dita rivolte verso l'alto si aprono e chiudono ripetutamente.

Gesto mimico/simbolico

Il gesto, legato all'espressione verbale, è mimico nel senso che rappresenta visivamente il movimento dello sfintere anale o quello della fiamma. Quello simbolico probabilmente significa che la persona è stata raggirata, (e quindi "presa per il culo"), si sente minacciata (quando si ha paura si dice "mi sto cacando addosso") o vive in uno stato di forte precarietà ("camminare sui carboni ardenti").

25 - È ASCIUTO PAZZO, M'HA FATTO ARRAGGIÀ

Traduzione

Italiano	*È diventato pazzo, mi ha fatto arrabbiare*
Inglese	*He has become crazy, he has made me angry*
Francese	*Il est devenu fou, il m'a enervé*
Spagnolo	*Se ha enloquecido, me ha echo enojar*

Mimica

La mano, posta all'altezza della fronte, è mossa come nell'atto di avvitare una lampadina.

Gesto simbolico

Con questo movimento probabilmente si vuole indicare che qualche "rotella" nel meccanismo cerebrale è fuori posto o che si è alterato uno stato normale di quiete per cui la persona è arrabbiata.

26 - E TIRITITTITTÌ!

Traduzione

Italiano	*Tiritittittì*
Inglese	*Tiritittittì*
Francese	*Tiritittittì*
Spagnolo	*Tiritittittì*

Mimica

Si mima l'atto di suonare un mandolino o un violino.

Gesto mimico

L'espressione onomatopeica che si rivolge in tono canzonatorio all'interlocutore, serve ad esprimere con enfasi tutto il nostro disinteresse rispetto a quello che ci viene detto; perché mai dovremmo ascoltarlo se mentre lui parla io sono impegnato a suonare?

27 - ALL'ATA PARTE

Traduzione

Italiano	*Dall'altra parte, dall'altro lato*
Inglese	*On the other side*
Francese	*De l'autre côté*
Spagnolo	*De otra parte*

Mimica

Viene fatto ruotare il palmo della mano lungo l'asse maggiore del braccio, mostrando in rapida sequenza prima il dorso poi il palmo.

Gesto mimico

Questo gesto è frequentemente utilizato per indicare, a chi generalmente chiede informazioni, che deve recarsi dalla parte opposta in cui ci si trova; ciò viene evidentemente espresso dalla contrapposizione fra il dorso ed il palmo della mano del gestuante.

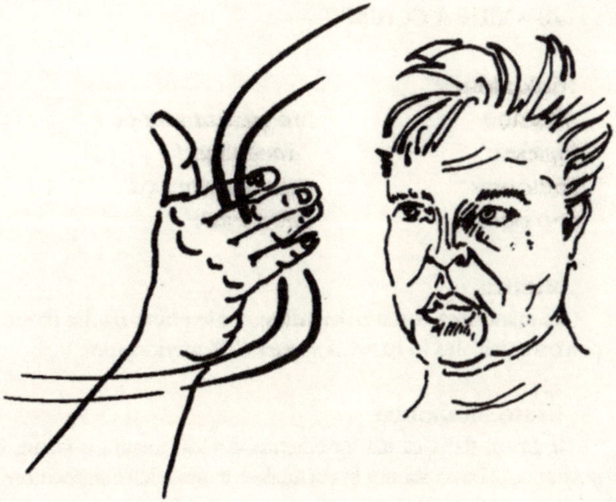

28 – VIDE A CCHISTO!

Traduzione

Italiano	*Ma guarda un po'!*
Inglese	*Fancy that!*
Francese	*Regarde moi ça!*
Spagnolo	*¡Mira este!*

Mimica

La mano tesa con il palmo disteso e le punte rivolte davanti percorre dall'alto in basso la statura dell'interlocutore.

Gesto simbolico

Il gesto, dalla carica fortemente ironica, misura e valuta la pochezza, la bassa statura intellettuale e morale dell'interlocutore.

29 - È NU DISONESTO

Traduzione

Italiano	*È un disonesto*
Inglese	*He is dishonest*
Francese	*Il est malhonnête*
Spagnolo	*Es un deshonesto*

Mimica

Le dita della mano si infilano tra il collo e il colletto della camicia scostando un poco quest'ultimo.

Gesto simbolico

Questo gesto, caduto ormai pressoché in disuso, sta a significare un simbolico cappio che potrebbe stringere la gola della persona disonesta.

30 - MARONNA MIA!

Traduzione

Italiano	*Madonna mia!*
Inglese	*Good Heavens!*
Francese	*Sainte Vierge!*
Spagnolo	*¡Virgen santa!*

Mimica

Mani che si coprono il viso per evitare di vedere o farsi vedere per la vergogna.

Gesto simbolico

Il viso si copre davanti all'enormità del fatto a cui si è assistito o dell'azione commessa e perciò si sente la necessità di coprirsi come per evitare gli occhi accusatori della gente o della religione.

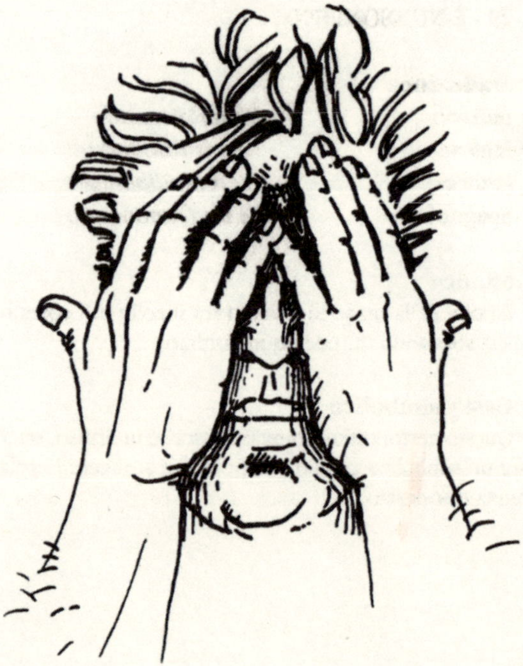

31 - L'HA ACCHIAPPATO 'NCANNA

Traduzione

Italiano	*L'ha stretto alle corde*
Inglese	*He drove him into a corner*
Francese	*Il l'a envoyé dans les cordes*
Spagnolo	*Le agarro del cuello, del pescuezo*

Mimica

Il pollice messo ad uncino aggancia con la punta il sottomento.

Gesto simbolico

Si dice di una persona disperata, stretta alla corde, ormai finita, come la testa di un animale appeso al gancio di una macelleria, ma può significare anche l'approfittarsi del bisogno che una persona ha di un bene per venderglielo a caro prezzo, prendendolo per il collo.

32 – L'HA FATTO CHIAGNERE A TANTO 'E LACREME

Traduzione

Italiano	*Lo ha fatto piangere tantissimo*
Inglese	*He made him cry a lot*
Francese	*Il l'a fait pleurer beaucoup*
Spagnolo	*La ha heco llorar como una Magdalena*

Mimica

Il pollice si appoggia alla base dell'indice che è steso.

Gesto mimico

Si rimprovera qualcuno di aver provocato ad un'altra persona un pianto con lacrime di dimensioni smisurate, grandi ognuna quanto un indice, paradossale misura del grande dolore arrecato ingiustamente.

33 – DIMMANE, AROPPO

Traduzione

Italiano	*Domani, dopo*
Inglese	*Tomorrow, after*
Francese	*Demain, après*
Spagnolo	*Mañana, despues*

Mimica

L'indice posto orizzontalmente descrive dei brevi archi in avanti.

Gesto simbolico

Questo gesto fa probabilmente riferimento al nascere ed al morire del sole ovvero all'arco della giornata. Il compiere più movimenti indicherebbe che si fa riferimento non alla giornata in corso o al momento attuale ma al domani, a giorni a seguire o a tempi genericamente futuri.

Un'altra ipotesi va forse ricercata intorno al movimento di una ruota associato al tempo che passa così come espresso dal detto "la vita è una ruota che gira".

34 - N'ATA VOTA

Traduzione

Italiano	*In un altro momento*
Inglese	*Another time*
Francese	*Une autre fois*
Spagnolo	*En otro momento*

Mimica

La mano con il dorso rivolto verso l'esterno, descrive numerosi cerchi o archi in avanti fino a quando l'avambraccio sarà completamente disteso.

Gesto simbolico

Il descrivere un numero maggiore di volte il movimento circolare denota, rispetto al gesto precedente, una connotazione temporale meno precisa e spesso viene usato per rimandare, abbreviare un incontro o un discorso poco gradito.

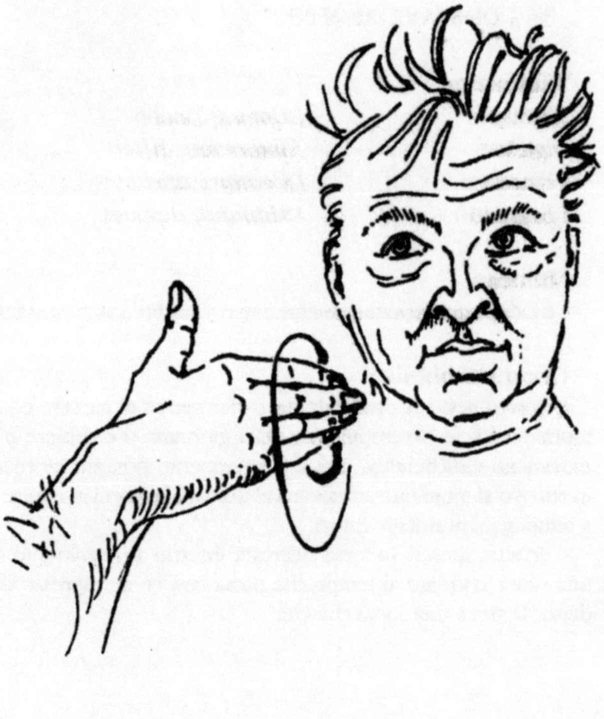

35 – ME NE VACO A DURMÌ, A CUCCÀ

Traduzione

Italiano	*Vado a dormire*
Inglese	*I go to sleep*
Francese	*Je vais me coucher*
Spagnolo	*Me voy a la cama*

Mimica

La testa leggermente reclinata si poggia sulle mani congiunte come se si adagiasse su un cuscino.

Gesto mimico

La posizione degli occhi contribuisce a dare una sfumatura ulteriore a questo gesto; se questi vengono socchiusi o completamente chiusi indicano rispettivamente il bisogno di riposare o di dormire.

36 - TUTT'E DDUJE

Traduzione

Italiano	*Entrambe*
Inglese	*Both*
Francese	*Les deux*
Spagnolo	*Los dos*

Mimica

L'indice ed il pollice con le punte rivolte lateralmente ed incurvati a falce così da formare una "c" capovolta, vengono fatte oscillare come un dondolo.

Gesto simbolico

Il dondolare indica le due parti ovvero le due persone in oggetto che nel discorso mostrano una comunanza di intenti ovvero un territorio comune d'intesa, l'appartenenza alla stessa area rappresentata e circoscritta dalla curvatura delle dita.

37 - UANEMA!

Traduzione

Italiano	*Perbacco!*
Inglese	*Gosh!*
Francese	*Parbleu!*
Spagnolo	*¡Exagerado!*

Mimica

La mano compie ampi gesti circolari partendo dall'esterno verso l'interno e fermandosi a mezz'aria.

Gesto simbolico

Il gesto probabilmente vuole misurare la grandezza di ciò che si racconta, l'enormità del fatto reale o della fandonia.

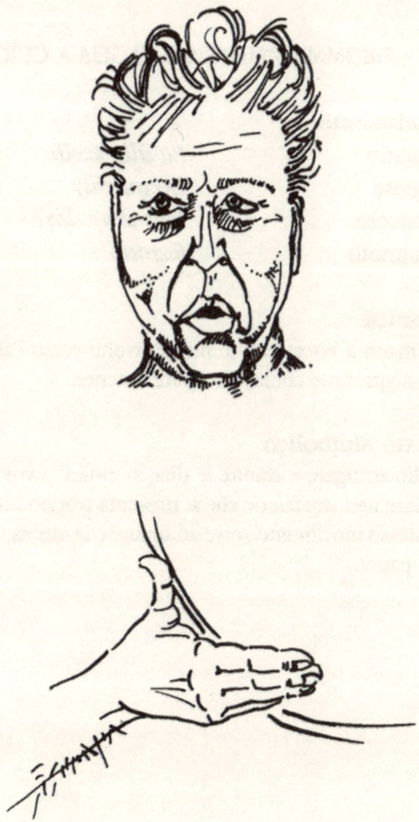

38 – FACIMMO AMPRESSA! TAGLIA A CURTO!

Traduzione

Italiano *Fa' alla svelta*
Inglese *Do quickly*
Francese *Fais dare-dare*
Spagnolo *Rapido*

Mimica

La mano a borsa con le punte rivolte verso l'alto o lateralmente si aprono e chiudono ripetutamente.

Gesto simbolico

Nello stringere e riunire le dita, si indica la volontà di voler abbreviare una situazione che si presenta troppo lunga o prolissa. Lo stesso movimento serve ad indicare la rabbia, la moltitudine o la paura.

39 - 'O CANTARO MMIEZO 'A CASA, BATTILOCCHIO

Traduzione

Italiano	*Il càntero al centro della stanza, credulone*
Inglese	*The chamber pot in the middle of the room, gull*
Francese	*Le vase de nuit au milieu de la chambre, jobard*
Spagnolo	*El orinal en centro de la abitaciòn, tonto*

Mimica

La mano a borsa con le punte rivolte verso l'alto insieme all'avambraccio posto in verticale salgono e scendono mentre la mano contemporaneamente ruota lungo l'asse dell'avambraccio.

Gesto simbolico

Con questo gesto si vuole rappresentare la goffaggine e l'inopportunità della presenza di una persona che spesso si sente o è considerata fuori luogo, ingombrante come appunto un "càntero al centro di una stanza". L'epiteto "Battilocchio!" con cui solitamente si bollano, apostrafano le persone facilmente ingannabili o dai modi goffi, impacciati, risale alla cuffia ricadente sugli occhi che anticamente le donne indossavano anche per andare a dormire. Chi indossava questo copricapo quindi non poteva certo avere una buona visuale né trasmettere un'immagine di sicurezza e sicuramente non doveva essere una persona sveglia.

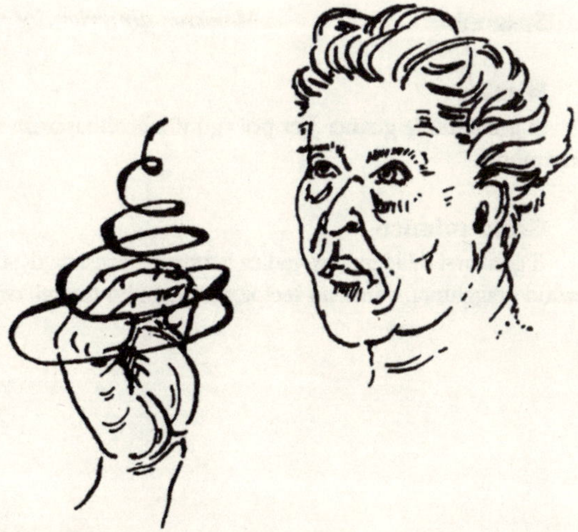

40 – UFFÀ, M'HE' SCUCCIATO!

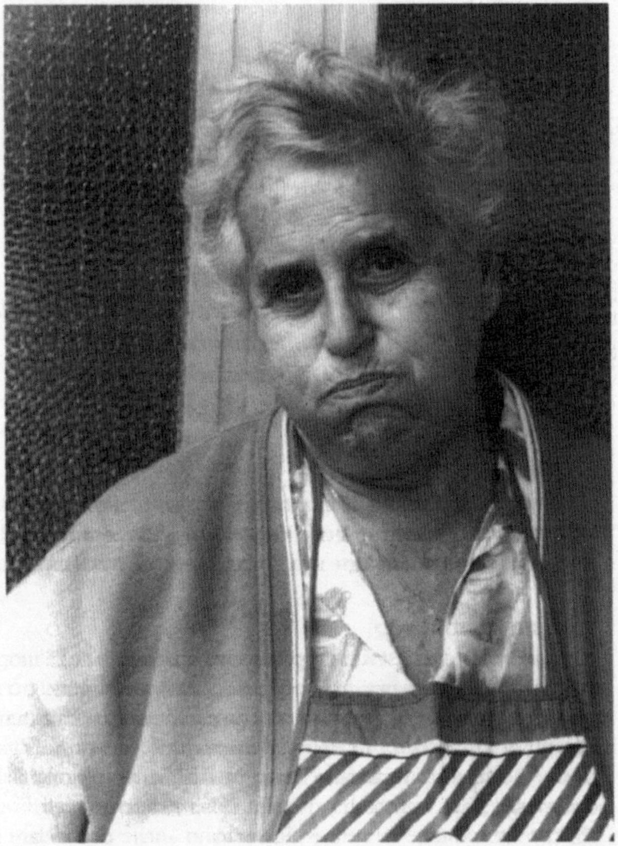

Traduzione

Italiano	*Uffà, mi hai annoiato!*
Inglese	*What a nuisance you are!*
Francese	*Tu m'as fâché!*
Spagnolo	*¡Me estas aburriendo!*

Mimica

Si gonfiano le guance per poi sgonfiarle abbastanza rumorosamente.

Gesto mimico

Il gonfiarsi delle guance indica la misura massima di sopportazione raggiunta, come un recipiente riempito fino all'orlo.

41 – ME SO' ABBUFFATO 'E PPALLE, 'A GUALLERA!

Traduzione

Italiano	*Non ce la faccio più!*
Inglese	*I can't go on any more!*
Francese	*J'en ai assez!*
Spagnolo	*¡Estoy harto!*

Mimica

Si sventagliano le mani nella zona del basso ventre simulando l'aumento di dimensione dei testicoli.

Gesto mimico

Spesso l'espressione di questo gesto viene ulteriormente accresciuta gonfiando e sgonfiando ripetutamente le guance (vedi gesto n. 40) e divaricando le gambe.

42 – ME STA 'NCOPPO 'O STOMMACO!

Traduzione

Italiano	*Mi è antipatico!*
Inglese	*I don't like him!*
Francese	*Je ne l'aime pas!*
Spagnolo	*¡No lo aguanto!*

Mimica

La mano a borsa tocca ripetutamente la bocca dello stomaco.

Gesto simbolico

Il riferimento è a un cibo pesante o poco gradevole che si ha difficoltà a digerire.

43 - È NU VOCCAPERTA

Traduzione

Italiano	*È un chiacchierone*
Inglese	*He is chatty*
Francese	*Il est bavard*
Spagnolo	*Es un charlatán*

Mimica

La mano a borsa con le punte che si aprono e chiudono velocemente viene posta davanti alla bocca imitando il verso dell'oca

Gesto mimico

Oltre all'esplicito riferimento del parlare a sproposito senza pensare a quello che si sta dicendo (parlare da oca), in tale gesto potrebbe essere colta anche l'imitazione del movimento della forbice, quando si apre e si chiude senza tagliare niente. La maldicenza resa dall'espressione "chillo sta taglianno!" ed anche il gran ciarlare vengono infatti rappresentati dall'indice e dal medio distesi a taglio, "a forbice".

44 - M'HE' FATT'A CAPA TANTA

Traduzione

Italiano	*Mi hai riempito la testa di chiacchiere*
Inglese	*Stop chatting*
Francese	*J'en ai assez de tes bavardages*
Spagnolo	*Me ha llenado la cabeza*

Mimica

Le mani vengono poste con le palme rivolte verso la zona temporale e fatte oscillare mimando così una testa di dimensione maggiore.

Gesto mimico

Il senso di questo gesto è "le tue chiacchiere mi hanno fatto gonfiare la testa".

45 - TE TENGO SEMPE DINT'E RRECCHIE!

Traduzione

Italiano	*Parli troppo*
Inglese	*You chat too much*
Francese	*Tu bavardes trop*
Spagnolo	*Hablas demasiado*

Mimica

L'indice con la punta rivolta verso l'orecchio descrive ripetuti movimenti circolari.

Gesto mimico

Gesto di evidente significato che esprime il fastidio che si ha nell'ascoltare un interlocutore petulante che ripete senza fermarsi le stesse idee, le cui parole girano attorno all'orecchio come il ronzio di una mosca.

46 – TE TENGO 'NCANNA

Traduzione

Italiano	*Ti ho in odio*
Inglese	*I hate you*
Francese	*Je te hais*
Spagnolo	*No te trago*

Mimica

1. L'indice ed il pollice stringono leggermente la gola all'altezza del pomo di Adamo.
2. L'indice spinge leggermente la gola lateralmente.

Gesto mimico

Si rende partecipe l'interlocutore che le azioni, le parole o semplicemente il carattere della persona oggetto della conversazione rappresenta un boccone amaro troppo grande per poter essere ingoiato.

47 – TENE 'NA DDIECE 'E FURTUNA, 'E CIORTA

Traduzione

Italiano	*Che fortuna!*
Inglese	*What a luck!*
Francese	*Quelle chance!*
Spagnolo	*Tienes un culo*

Mimica

L'indice e medio di entrambe le mani formano un cerchio rivolto verso l'interlocutore. Per dare maggior enfasi a questo gesto le mani vengono fatte oscillare.

Gesto simbolico

Il gesto mima le dimensioni spropositate del sedere dell'interlocutore che deve necessariamente occupare più spazio nel sedersi. Di conseguenza si crede che il soggetto riesca ad ottenere più degli altri senza il minimo sforzo. L'associazione di significato fra il culo grosso e la buona sorte risiede nel fatto che la persona munita di questa dote fisica conduce una vita agiata se non addirittura opulenta. Non va dimenticato inoltre che per una donna il possedere anche larghe e quindi un gran sedere la favorisce durante il parto.

48 – VULESSE FUMMA'

Traduzione

Italiano	*Ho voglia di fumare*
Inglese	*I'd like to smoke*
Francese	*J'ai envie de fumer*
Spagnolo	*Tengo gana de fumar*

Mimica

L'indice e medio a "V" si avvicinano ripetutamente alla bocca.

49 - È ROBBA BONA

Traduzione

Italiano	*È un furbo*
Inglese	*He is cunning*
Francese	*Il est malin*
Spagnolo	*Es un picaro*

Mimica

L'indice e il pollice scivolano sui due lati del naso partendo dalla base e arrivando alla punta.

Gesto simbolico

È norma associare l'intelligenza e l'astuzia al naso. Infatti i numerosi modi di dire tra cui "non mi prendi per il naso" o " hai fiuto" indicano la prontezza, l'intuito dell'interlocutore.

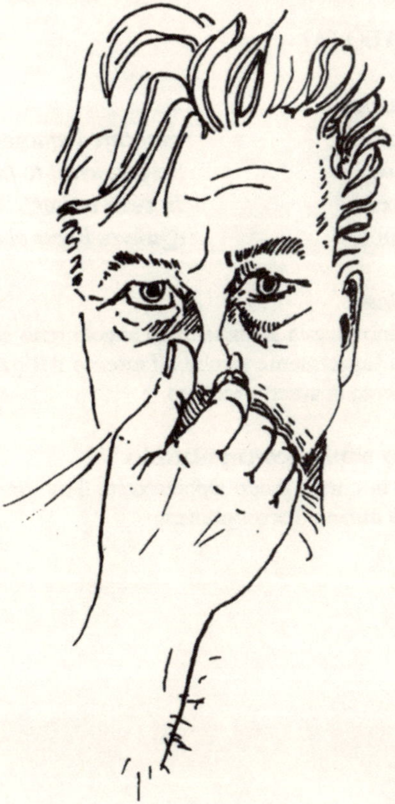

50 – VUÒ FA'?

Traduzione

Italiano	*Vuoi fare l'amore?*
Inglese	*Do you want to fuck?*
Francese	*Tu veux baiser?*
Spagnolo	*¿Quieres hacer el amor?*

Mimica

La mano piegata all'indietro ad angolo retto con le punte delle dita leggermente rivolte all'interno del palmo spinge ripetutamente in avanti e indietro.

Gesto simbolico/copulatorio

Viene in questo modo rappresentato il movimento pelvico dell'uomo durante l'accoppiamento.

51 - PÈRETA

Traduzione

Italiano	*Peto*
Inglese	*Wind, fart*
Francese	*Pet*
Spagnolo	*Pedo*

Mimica

L'avambraccio col pugno serrato viene spinto di scatto orizzontalmente all'esterno in corrispondenza dell'altezza del bacino.

Gesto mimico/simbolico

Il movimento della mano simula l'emissione dei gas meteorici mentre il pugno raffigura lo sfintere anale. Spesso lo stesso gesto indica anche lo scoppio provocato da un'arma da fuoco o una deflagrazione; in questo caso il movimento dell'avambraccio esegue una traiettoria in diagonale partendo dal basso verso l'alto.

52 – FAMME NÙ BUCCHINO!

Traduzione

Italiano	*Fammi un pompino*
Inglese	*Make me a blow job*
Francese	*Fais-moi une pipe*
Spagnolo	*Chupamela*

Mimica

L'indice fa il gesto di infilarsi nella bocca aperta o socchiusa.

53 - T'O GGIURO!

Traduzione

Italiano	*Te lo giuro!*
Inglese	*I swear you!*
Francese	*Je te jure!*
Spagnolo	*¡Te lo juro!*

Mimica

1. Vengono incrociati gli indici delle mani ed accostati alle labbra per baciarli una o più volte.

2. Viene fatta una croce con l'indice o con tutta la mano su una superficie o per aria.

Gesto simbolico

Viene fatto un giuramento solenne su questa croce simbolica. Il comune detto napoletano "Ci ho fatto, farò la croce" indica la promessa, il fermo intendimento di non ritornare più in un determinato luogo o rivedere una certa persona.

54 - STA' SCRITTO!

Traduzione

Italiano	*È scritto!*
Inglese	*It is written!*
Francese	*Il est écrit!*
Spagnolo	*¡Esta escrito!*

Mimica

L'indice viene puntato al centro del palmo dell'altra mano.

Gesto mimico

La mano piatta rappresenta il libro e quindi si rappresenta l'atto della lettura di un impegno o di un atto scritto.

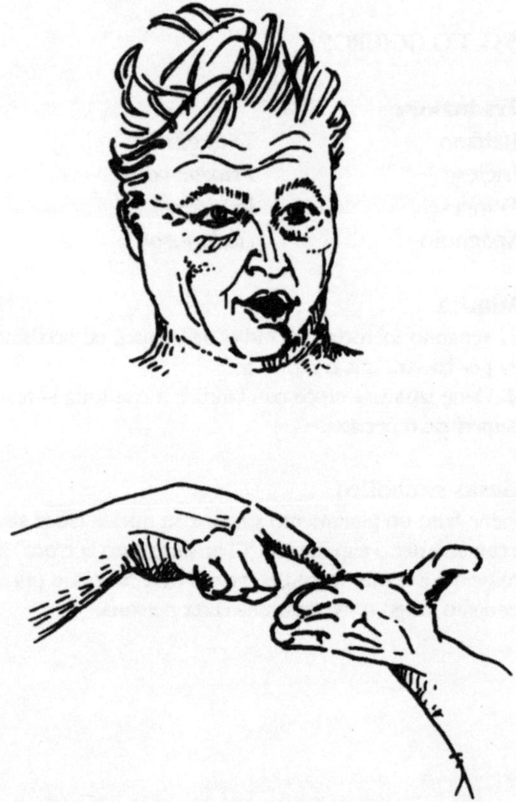

55 – STA' PRENA

Traduzione

Italiano	*È incinta*
Inglese	*She is pregnant*
Francese	*Elle est enceinte*
Spagnolo	*Està embarazada*

Mimica

Le braccia distese in avanti formano un cerchio in direzione della pancia e del ventre.

Gesto mimico

Con tale gesto si mima il naturale ingrossamento del ventre della donna incinta.

56 - AJERE

Traduzione

Italiano	*Ieri*
Inglese	*Yesterday*
Francese	*Hier*
Spagnolo	*Ayer*

Mimica

Mano alzata con la palma rivolta verso la spalla corrispondente e spinta diverse volte indietro.

Gesto mimico

Il tempo passato viene comunemente detto anche tempo indietro, addietro per cui l'atto di portarsi la mano verso le spalle indica ciò che è dietro di noi ovvero il tempo trascorso.

L'atto di gettare qualcosa alle proprie spalle può significare anche "inutilità, bugia" in quanto viene rimosso un'immaginario ostacolo di scarsa, trascurabile importanza.

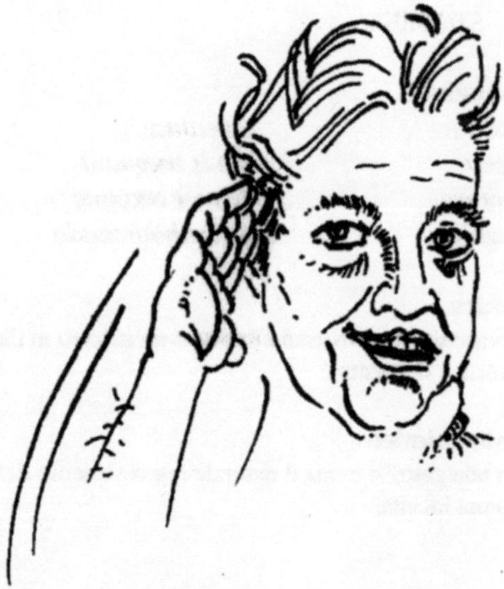

57 – SÌ PAZZO?!

Traduzione

Italiano	*Sei pazzo?!*
Inglese	*Are you crazy?!*
Francese	*Tu es fou?!*
Spagnolo	*¡Estás loco!*

Mimica

1. L'indice dà dei ripetuti e veloci colpetti nella zona temporale.

2. La mano a borsa, posta in orizzontale, tocca con l'indice ed il pollice ripetutamente e con decisione la fronte attraverso il solo movimento del polso.

Gesto simbolico

Il dito o la mano indicano che qualcosa non funziona correttamente nel cervello o che manca qualche rotella nell'interlocutore o nella terza persona cui si fa riferimento nel discorso.

58 - SI ASCIUTO PAZZO? CHE TE PASSA PA CAPA?

Traduzione

Italiano	*Sei impazzito? Che idee ti passano per la testa?*
Inglese	*Are you crazy?*
Francese	*Tu es fou ou quoi?*
Spagnolo	*¿Estás loco?*

Mimica

Si sventaglia la mano davanti al viso.

Gesto simbolico

Il movimento forse serve a scacciare eventuali fantasie, visioni, allucinazioni o semplicemente strane idee che sembrano materializzarsi appena "uscite" dalla testa di chi ce le ha comunicate o anche ad allontanare la "nebbia" che avvolge l'interlocutore che non gli consente di vedere la realtà in modo chiaro.

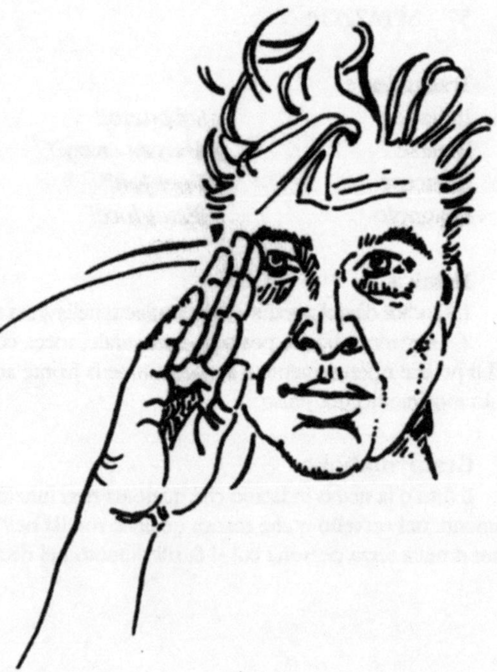

59 – STANNO ACCUSSÌ

Traduzione

Italiano	*Sono nemici*
Inglese	*They are bost*
Francese	*Ils sont ennemies*
Spagnolo	*Estan de punta*

Mimica

Gli indici distesi con le punte l'una diametralmente opposta all'altra essendo chiuse tutte le altre dita.

Gesto simbolico

Il gesto indica il fronteggiarsi di due nemici o di idee contrastanti come due spade nelle mani di duellanti. È questo l'esatto opposto del gesto di amicizia o di complicità (gesto n. 14) dove gli indici vengono fatti combaciare per indicare convergenze di idee e di propositi.

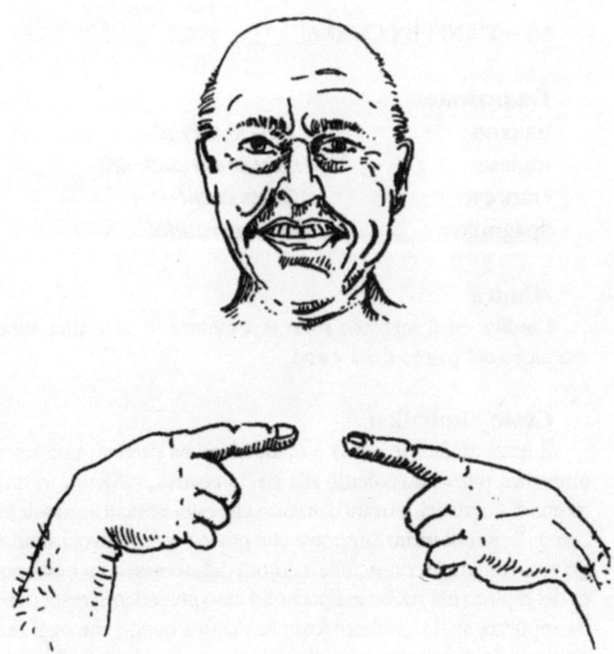

60 – TIENE 'E CCORNA!

Traduzione

Italiano	*Hai le corna!*
Inglese	*You are a cuckold!*
Francese	*Tu es cocu!*
Spagnolo	*Eres cornudo!*

Mimica

L'indice ed il mignolo sono tesi mentre le altre dita sono racchiuse nel palmo della mano.

Gesto simbolico

Il gesto di fare le corna è di antichissima origine; una testimonianza pittorica risalente alla civiltà etrusca, raffigura in una tomba di Cerveteri, giovani danzatori che esibiscono il segno delle corna. È quindi lecito supporre che questo gesto doveva essere già ampiamente riconoscibile e quindi diffuso non solo nell'epoca del dipinto ma anche in epoche ad esso precedenti; resta però da appurare se il significato fosse lo stesso a quello che oggi noi attribuiamo a questo gesto. Il suo uso comunque, facilmente riscontrabile in numerose raffigurazioni e citazioni letterarie, ha mantenuto durante i secoli e fino ai giorni nostri, una notevole vitalità.

Se le punte delle corna sono rivolte verso l'alto è considerato un gesto osceno, rivolto soprattutto fra maschi e, al di là delle possibili origini che questo gesto ha ricevuto, ha un significato univoco in quanto indica l'adulterio, l'infedeltà della moglie o della fidanzata.

È singolare che del gesto in assoluto più popolare e forse usato non si conosca bene l'origine nonostante il significato esplicito. Morris (1982) ha catalogato 14 possibili ipotesi, alcune plausibili, altre più fantasiose e di queste ne abbiamo scelte e riportate 11.

1. *Le corna simboleggiano la testa di un toro, simbolo di potenza sessuale e quindi di virilità. Il messaggio contenuto in questo gesto è dunque di sarcasmo volendo indicare esattamente l'opposto di quanto raffigurato.*

2. *Il gesto si riferisce al toro che viene castrato o per il numero eccessivo di maschi presenti nell'allevamento o perché non adatto alla monta delle femmine per le sue scarse qualità riproduttive. Accade dunque che il toro non castrato rubi le femmine a quelli castrati per cui alle corna si associa il maschio tradito dalla femmina. Quest'ipotesi fantasiosa tralascia il fatto che al toro si associa spontaneamente l'idea del vigore sessuale.*

3. *È il toro impazzito dalla rabbia che carica in seguito ad una provocazione così come farebbe un qualsiasi uomo tradito dalla propria donna.*

4. *In un'altra teoria il maschio ha le corna perché la sua donna si comporta come una vacca promiscua.*

5. *L'indice ed il mignolo alzati rappresenterebbero le corna di un cervo maschio; accade infatti che nei branchi il cervo maschio dominante riesce ad accoppiarsi con più femmine mentre la maggior parte dei maschi (i cornuti) sono relegati ad un ruolo di comprimari.*

6. *Secondo G. Legman, (in D. Morris, 1983) le corna sarebbero non quelle del toro o del cervo ma quelle del diavolo che viene invocato dal rivale per causare l'impotenza sessuale dell'uomo; ciò è fonte di insoddisfazione che conduce all'inevitabile tradimento.*

7. *Una ulteriore ipotesi potrebbe ricercarsi in arcani riti di prostituzione sacra dove le "vittime" venivano sacrificate a dei che spesso erano raffigurati con un ampio palco di corna sul capo ad evidenziare la potenza sessuale e la mascolinità. Il passaggio anche in questo caso al marito tradito è breve.*

8. *Secondo una pratica ormai in disuso, ai galletti castrati venivano inseriti gli speroni sulla cresta che prendevano la sembianza di corna.*

9. *È risaputo che il corno singolo raffigura un pene. In molte abitazioni dell'antica Pompei è raffigurato un corno o un fallo per assicurare vigore sessuale all'uomo, fertilità alla donna e quindi discendenza. Secondo alcu-*

ni le dita alzate raffigurerebbero due peni: uno è quello del marito l'altro quello dell'amante

10. *Le dita erette rappresenterebbero le gambe della moglie adultera, pronta ad aprire le gambe all'amante. A sostegno di questa ipotesi James Halliwell nel suo Dictionary of Archaic and Provincial Words (1881) descrive in questo modo il gesto "corna": porre l'indice di una mano tra l'indice ed il medio dell'altra simboleggiando così l'introduzione del pene fra un paio di gambe divaricate.*

11. *In quest'ultima ipotesi si fa riferimento al guerriero che parte per la guerra indossando l'elmo ornato da corna; questo lo esporrà al rischio che la moglie lasciata sola per un tempo presumibilmente lungo si renderà disponibile ad essere consolata da un altro uomo.*

Diffuso un tempo in tutta Europa questo gesto sopravvive nel bacino del Mediterraneo. È un gesto in declino forse perché l'adulterio oggi non è considerato un atto socialmente grave almeno così come lo era per il passato.

Le corna orizzontali sono solitamente rivolte verso il soggetto interessato o verso la fonte della jattura. Una variante di questo gesto prevede le corna rivolte verso il cielo e verso la terra a protezione globale dal malocchio.

Che le corna servano a tener lontana la cattiva sorte è evidente nell'uso di corna "naturali". Ancora oggi infatti non è raro imbattersi in corna di bue sospese alle porte, all'esterno ed all'interno delle case; spesso corni di dimensioni ridotti vengono portati addosso, appesi a braccialetti o a collanine fatti con materiali generalmente preziosi come il corallo, l'oro e l'argento. In questo caso è evidente il riferimento al simbolo fallico per indicare che la fertilità, l'abbondanza "abita, è qui di casa" o l'invocazione alle qualità fisiche del toro (ferocia, potenza) per allontanare e scongiurare possibili pericoli.

Se si fanno le corna accompagnate dall'espressione "Schiatta!" (muori) allora è considerata un'imprecazione perché si desidera ardentemente la morte dell'altro.

Non va infine dimenticato che il gesto delle corna aveva in passato una varietà di significati che con il tempo è progressivamente scomparsa. Altre accezioni erano ad esempio cavare gli occhi, indicare cosa vile, superbia, durezza in senso fisico e morale e mancanza di beni.

61 – TIÈ!

Traduzione

Italiano	*Prendi questo!*
Inglese	*Take this!*
Francese	*Prends ça! (bras d'honneur)*
Spagnolo	*¡Toma esto!*

Mimica

Il palmo della mano sinistra colpisce di scatto l'avambraccio destro che resta teso e con il pugno serrato.

Gesto simbolico

Rappresenta il simbolo fallico spinto con la massima potenza in un immaginario orifizio anale. Lo scatto imita la penetrazione e serve per aumentare la minaccia fallica e l'insulto. Nel gesto non vi è alcun contenuto omosessuale ma serve per ribadire la propria superiorità sull'altro.

62 – SI' RICCHIONE!

Traduzione

Italiano	*Sei un omosessuale*
Inglese	*You are queen*
Francese	*Tu es lope*
Spagnolo	*Eres un maricón*

Mimica

L'indice tocca il lobo dell'orecchio. A volte lo stesso significato si esprime sfiorando con l'indice la parte superiore dell'orecchio.

Gesto simbolico

È l'insulto alla mascolinità di un uomo in riferimento agli orecchini portati dalle donne.

63 – PUORTACE A CHISTO!

Traduzione

Italiano	*Prendi e porta questo!*
Inglese	*Take this!*
Francese	*Emporte ça!*
Spagnolo	*¡Traete esto!*

Mimica

Le due mani a taglio con ampi gesti ripetutamente indicano e circoscrivono l'area dei genitali.

Gesto simbolico

È la maldispozione a fare qualcosa contro voglia verso un'azione richiesta ripetutamente che spinge il gestuante a reagire con questo gesto osceno misto di insofferenza e di scherno Il pene indicato rappresenterebbe quindi il sostituto più indicato per soddisfare la petulante quanto superflua richiesta dell'interlocutore.

64 - PERNACCHIO, PERNACCHIA

Traduzione

Italiano	*Prrrrrrrrrr!*
Inglese	*Prrrrrrrrrr!*
Francese	*Prrrrrrrrrr!*
Spagnolo	*¡Prrrrrrrrrr!*

Mimica

"Bocca gonfia d'aria e forzatamente chiusa, mano aperta e portata rovescia sul labbro superiore in modo che esso sia compresso dallo spazio che è fra l'indice e il pollice. Disposte così le dita sul labbro superiore e premendolo a replicati colpi, si viene a comprimere la bocca già oltremodo gonfia d'aria, la quale forzata dagli urti interpellati nell'uscire a diverse riprese, farà degli scrosci che sono quelli a cui si da il nome di *vernacchio*." (De Jorio, op. cit.).

Gesto simbolico

Il significato offensivo di questo gesto nasce dalla somiglianza sonora con "quello che la natura cagiona nell'espellere l'aria chiusa nè nostri visceri" (De Jorio, op. cit.).

65 - MANO IN FICA

Traduzione

Italiano	*Mano in fica, fare la fica*
Inglese	*The hand in the fig*
Francese	*Faire la figue*
Spagnolo	*Mano en higo*

Mimica

La mano, stretta a pugno, lascia fuoriuscire il pollice fra l'indice ed il medio.

Gesto simbolico

La mimica di questo gesto richiama in modo esplicito il pene (il pollice) che viene introdotto nella vagina, rappresentata dall'indice e dal medio. La "mano in fica" assolveva alla stessa funzione delle corna per scacciare, quale potente amuleto, il malocchio o per provocare ingiuria; talvolta veniva usato anche per mandare qualcuno "al paese di Pulcinella". Un'espressione analoga ("...Le mani alzò con ambeduo le fiche"...) si trova nel XXV canto dell'"Inferno" di Dante come gesto osceno, volgare e di scherno. Malgrado sia di origini antichissime, noto peraltro già nell'antica Roma, questo gesto è recentemente dimenticato in tutta l'Italia meridionale mentre risulta di uso comune in altre nazioni dove è addirittura raffigurato come amuleto in legno o in pietra.

In sostituzione alla mano in fica viene usato oggi il gesto forse altrettanto antico del palmo della mano sinistra che colpisce con violenza l'avambraccio destro che resta teso e con il pugno serrato (vedi gesto n. 61).

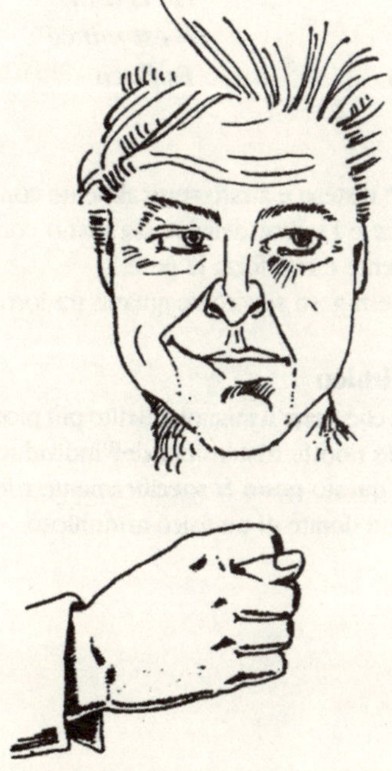

66 - È SICCO SICCO

Traduzione

Italiano	*È magro*
Inglese	*He is thin*
Francese	*Il est mince*
Spagnolo	*Es flaco*

Mimica

1. Mignolo disteso e alzato verticalmente con la punta in su.

2. Il pollice e l'indice della stessa mano comprimono contemporaneamente e con forza le gote.

Spesso questi gesti si accompagnano fra loro.

Gesto mimico

È evidente che usare il mignolo, il dito più piccolo della mano sta a indicare le ridotte dimensioni dell'individuo cui si fa riferimento. Infatti questo gesto fa specificamente riferimento a persone magre non dotate di un fisico armonioso.

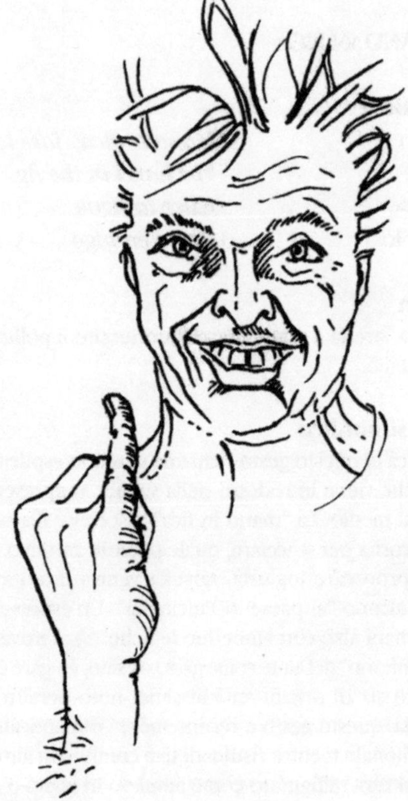

67 – TENGO FAMME

Traduzione

Italiano	*Ho fame*
Inglese	*I'm hungry*
Francese	*J'ai faim*
Spagnolo	*Tengo hambre*

Mimica

1. Mano piatta che si dà ripetutamente dei piccoli colpetti sulla pancia o più raramente sul fianco.

2. Mano a borsa con le punte rivolte verso la bocca aperta.

Gesto mimico

Il darsi ripetuti colpi sul fianco o sullo stomaco denota chiaramente che il fautore del gesto o la persona a cui questo gesto è rivolto, ha lo stomaco e le visceri vuote ovvero vive in condizioni di scarsezza di viveri. Tale gesto in una sua accezione più ampia, indica anche persone cadute in ristrettezze economiche o addirittura in uno stato di povertà. Anche se tuttora poco frequente, i nobili decaduti o le persone potenti cadute in disgrazia vengono raffigurate attraverso la combinazione di due gesti: quello di puntare i pugni sui fianchi (simbolo di potenza) seguito dal battersi le mani di taglio sui fianchi (simbolo di indigenza). Va infine riportato che nel modo "napoletano" di esprimere la fame, De Jorio riporta anche il gesto di spalancare la bocca e gli occhi girando ripetutamente la testa sui due lati. Nonostante siano state compiute attente osservazioni ed interviste sul territorio napoletano gli autori di questo libro non hanno avuto a tutt'oggi l'occasione di riscontrare questo gesto che pure fino al secolo scorso doveva accadere con una certa frequenza.

68 – TE VATTO!

Traduzione

Italiano	*Ti picchio!*
Inglese	*I beat you!*
Francese	*Je te batte!*
Spagnolo	*¡Te pego!*

Mimica

La mano posta ad ascia si agita ripetutamente in direzione dell'interessato. Si dà alla mano e al braccio lo stesso movimento che si esercita sulla sferza, con forza minore o maggiore a seconda dell'intenzione.

69 – STATTE ACCUORTO!

Traduzione

Italiano	*Attento!*
Inglese	*Be careful!*
Francese	*Fais attention!*
Spagnolo	*¡Cuidado!*

Mimica

1. Il pollice e l'indice formano un occhiello mentre il resto della mano assume la posizione ad ascia.

2. L'indice teso oscilla nervosamente.

Gesto simbolico

Per entrambi i gesti, se devono assumere valore di minaccia, è importante che vengano accompagnati dall'espressione degli occhi. Il gesto 1 è una combinazione tra l'occhiello dove il significato è "tu non vali niente" e il colpo d'ascia che segnala "io ti ucciderò".

70 – TE FACCIO NU MAZZO TANTO!

Traduzione

Italiano	*Ti faccio un culo così!*
Inglese	*I beat you!*
Francese	*Je te batte!*
Spagnolo	*¡Te culeo!*

Mimica

Indice e medio di entrambe le mani formano un cerchio rivolto verso l'interlocutore. Per dare maggior enfasi a questo gesto le mani vengono fatte oscillare.

Gesto mimico

Il gesto indica la violenza con cui si usano le mani per colpire, mimando le dimensioni che avrà il sedere dell'interlocutore alla fine del "trattamento". Si dice anche infatti "ti gonfio di botte". Vi è qui anche l'uso dell'occhiello come simbolo dell'orifizio anale.

71 – TE TAGLIO 'O CANNARONE! TE SCANNO!

Traduzione

Italiano	*Ti taglio la gola!*
Inglese	*I cut your throat!*
Francese	*Je te coupe la gorge!*
Spagnolo	*¡Te deguello!*

Mimica

La mano posta a taglio, o il solo indice, sfrega sulla gola simulando un coltello.

72 – TE CECO LL'UOCCHIE!

Traduzione

Italiano	*Ti acceco!*
Inglese	*I blind you!*
Francese	*Je t'aveugle!*
Spagnolo	*¡Te ciego!*

Mimica

Le dita a "V" rivolgono le punte contro gli occhi dell'interlocutore.

73 - ME PRODONO 'E MMANE

Traduzione

Italiano	*Ho voglia di picchiarti*
	(Lett. mi prudono le mani)
Inglese	*I want to beat you*
Francese	*J'ai envie de te battre*
Spagnolo	*Tengo gana de pegarte*

Mimica

Ci si gratta il palmo della mano.

Gesto mimico

Chi ha dato qualche sonoro schiaffone ha le mani arrossate ed avverte un formicolio come quello provocato dal grattarsi le palme. Pertanto con questa mimica viene lanciato all'avversario un segnale di avvertimento.

74 - L'AGGIA TIRA' 'O CUOLLO

Traduzione

Italiano	*Gli devo torcere il collo*
Inglese	*I have to put the squeeze on him*
Francese	*Je dois lui tordre le cou*
Spagnolo	*Le tengo que torcer el cuello*

Mimica

Le due mani serrate a pugno si avvitano l'una sull'altra in senso contrario mimando l'azione di torcere il collo.

Gesto simbolico

Questo gesto, probabilmente di origine contadina, ricorda il modo in cui si uccidono i polli e quindi la voglia di "uccidere" qualcuno che ha commesso un grave torto nei nostri confronti, che ci ha fatto arrabbiare moltissimo.

75 - T'ABBOFFO LL'UOCCHIE!

Traduzione

Italiano — *Ti gonfio gli occhi di botte!*
Inglese — *I drub your eyes!*
Francese — *Je te gonfle les yeux!*
Spagnolo — *¡Te reviento!*

Mimica

Le mani disposte "a doccia" con le punte rivolte verso le orbite oculari vengono fatte brevemente oscillare in avanti e indietro.

Gesto simbolico

Si vuole in questo modo manifestare l'aggressività e la superiorità di chi compie il gesto nei confronti del rivale mimando il gonfiore che avranno i suoi occhi al termine della colluttazione.

76 - TE SPACCO 'A CAPA

Traduzione

Italiano	*Ti rompo la testa*
Inglese	*I break your bead*
Francese	*Je te casse la tête*
Spagnolo	*Te rompo la cabeza*

Mimica

La mano ad ascia viene messa in verticale al centro della fronte.

Gesto simbolico

La mano ad ascia è l'oggetto contundente che verrà o vorrebbbe essere usato dall'interlocutore contro chi ci minaccia o ci infastidisce.

77 – T'ABBOFFO 'A FACCIA 'E PACCARE

Traduzione

Italiano	*Ti gonfio la faccia di schiaffi*
Inglese	*I slap you, I box your ears*
Francese	*Je te flanque une paire de gifles*
Spagnolo	*Te lleno de manos*

Mimica

Le mani aperte, con i palmi rivolti verso le guance, misurano l'aumento della dimensione di queste in seguito ad un violento schiaffeggiamento.

78 - 'NCE STA FOLLA, GENTE ACCUSSÌ

Traduzione

Italiano	*C'è una gran folla*
Inglese	*It is very crowded*
Francese	*Il y a beaucoup de monde*
Spagnolo	*Hay un gran gentìo*

Mimica

Le mani a borsa con le punte rivolte verso l'alto si aprono e chiudono ripetutamente.

Gesto simbolico

Le mani riunite in questo modo indicano una moltitudine di gente che affolla uno spazio o che viene costretta in un luogo troppo piccolo.

79 - È MUORTO

Traduzione

Italiano	*È morto*
Inglese	*He is dead*
Francese	*Il est mort*
Spagnolo	*Se murió*

Mimica

La mano in posizione di benedizione compie dei brevi giri su sé stessa.

Gesto simbolico

La rotazione delle dita simboleggia l'ascensione dell'anima dopo il distacco dal corpo. Se la benedizione è accompagnata da un'espressione mesta si tratta di morte fisica, altrimenti denota qualcuno che ha perso una situazione o una posizione a lui favorevole.

80 - NO

Traduzione

Italiano	*No*
Inglese	*No*
Francese	*Non*
Spagnolo	*No*

Mimica

1. Mentre si solleva la testa la lingua sul palato emette un leggero schiocco.

2. Mentre si solleva la testa il dorso della mano striscia sotto il mento.

Gesto simbolico

Il gesto del sollevamento della testa o del suo girarsi lateralmente trae origine dal movimento che compie il poppante nell'atto di rifiutare il capezzolo. Probabilmente mentre il leggero schiocco della lingua ha origine infantile e ricorda il suono emesso dal lattante al termine della suzione, quello dello strisciare ha una funzione di semplice amplificazione gestuale contribuendo ad innalzare o sottolineare il sollevamento del mento.

Ad ogni modo l'allontanamento della testa e quindi dell'intera persona da ciò che gli si propone ha la funzione di proteggere il viso da ogni qualsiasi sorpresa o minaccia frontale.

81 - NIENTE

Traduzione

Italiano	*Niente*
Inglese	*Nothing*
Francese	*Rien*
Spagnolo	*Nada*

Mimica

1. Indice e pollice tesi mentre le altre dita sono raccolte nel centro del palmo che ruota in un senso e nell'altro.

2. Collo infossato fra le spalle che alzandosi si stringono.

3. Spalle più volte alzate che stringendosi infossano il collo.

Gesto simbolico

Il primo gesto indica il vuoto simbolico che deriva dal movimento rotatorio della mano e dall'avvitamento dell'indice.

Il secondo e il terzo gesto indicano disprezzo e noncuranza come di chi ha un peso sulle spalle del quale intende liberarsi.

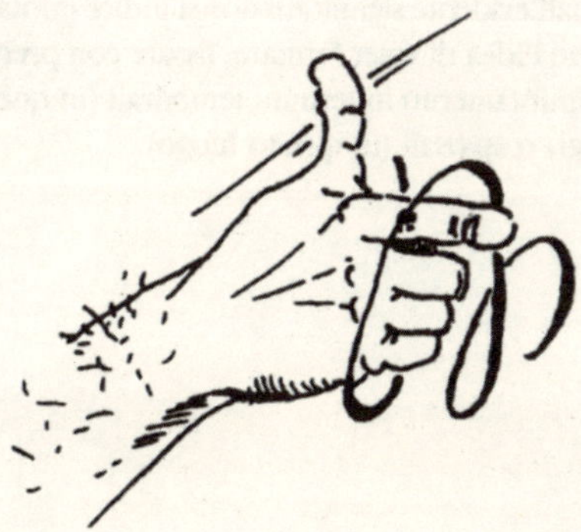

82 – MÒ, DINT'A STÙ MUMENTO, OGGI

Traduzione

Italiano	*Ora, in questo preciso istante, oggi*
Inglese	*Today, now*
Francese	*Aujourdui, maintenant*
Spagnolo	*Hoy, abora mismo*

Mimica

Indice disteso e diretto perpendicolarmente al suolo.

Gesto simbolico

È un gesto dall'evidente significato dove l'indice puntato verso il suolo trasmette l'idea di voler fermare, fissare con precisione e fermezza un appuntamento in termini temporali (in questo preciso istante, oggi) o spaziali (in questo luogo).

83 – VIENE CCÀ!

Traduzione

Italiano	*Vieni qui!*
Inglese	*Come here!*
Francese	*Viens ici!*
Spagnolo	*¡Ven aqui!*

Mimica

La mano si sposta velocemente e nervosamente dalla posizione dove è posto l'interlocutore al punto immediatamente davanti ai piedi del gestuante.

84 - CIÙNCATE CCÀ!

Traduzione

Italiano	*Non ti muovere!*
Inglese	*Don't move!*
Francese	*Ne bouge pas d'ici!*
Spagnolo	*¡Quedate acà!*

Mimica
Le mani si avvicinano di scatto al corpo e si immobilizzano.

Gesto mimico
Le mani mimano il movimento che dovrebbe fare l'interlocutore, cioè avvicinarsi e rimanere fermo in quel preciso punto.

85 - VATTÈNNE!

Traduzione

Italiano	*Vàttene!*
Inglese	*Go away!*
Francese	*Va-t-en!*
Spagnolo	*¡Vete!*

Mimica

1. Le dita dall'interno del palmo vengono portate fuori accompagnate da tutta la mano.

2. Il palmo della mano sinistra colpisce di scatto il polso della destra, posta di taglio.

3. Come "me ne sto jenno".

Gesto mimico

1. Le dita in questo movimento indicano la richiesta di separazione o di allontanamento.

2. La mano ad ascia evidenzia l'invito minaccioso ad allontanarsi.

86 – ME FOTTO 'E PAURA, ME STO CACANNO SOTTO

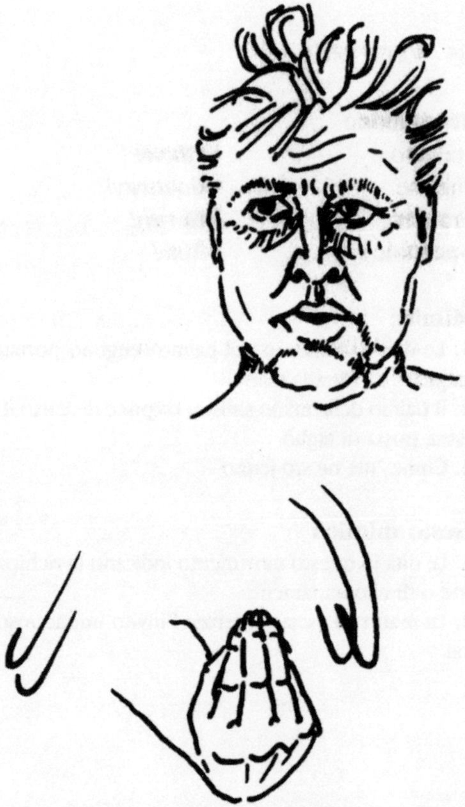

Traduzione

Italiano	*Ho paura*
Inglese	*I'm afraid*
Francese	*J'ai peur*
Spagnolo	*Tengo terror*

Mimica

La mano a borsa con le punte che, rivolte verso l'alto, si aprono e si chiudono ripetutamente.

Gesto simbolico

Lo stringere i polpastrelli simula la contrazione dello sfintere anale come se questo non fosse più in grado di controllarsi. Nel linguaggio comune si è infatti soliti dire "me la sono fatta addosso" quando si è in preda a forte paura. Questo gesto può essere di commento ad un avvenimento.

87 – STATTE ACCUORTO! ARAPE LL'UOCCHIE!

Traduzione

Italiano	*Attento!*
Inglese	*Be careful!*
Francese	*Fais attention!*
Spagnolo	*¡Cuidado!*

Mimica

1. L'indice dà dei colpetti al lato del naso.
2. Si accentua l'apertura dell'occhio tirando giù l'indice.

Gesto simbolico

Il primo gesto segnala di aver scoperto qualcosa, di aver fiutato il pericolo.

Il secondo gesto esorta l'interlocutore ad aprire meglio gli occhi, ad osservarsi meglio intorno con attenzione per individuare con tempestività e chiarezza il pericolo.

88 - CHIATTONE

Traduzione

Italiano	*Grassone*
Inglese	*Fat man*
Francese	*Bien en chair*
Spagnolo	*Gordo*

Mimica

1. Si spingono in fuori gli avambracci mimando in tal modo l'aumento di dimensioni corporee. Questo gesto viene accentuato gonfiando le guance.

2. I gomiti vengono cacciati in fuori, le braccia sono tenute orizzontalmente con le mani a pugno disposte l'una contro l'altra.

Gesto mimico

Indica la mole di una persona sia nella corporatura che nel viso.

89 - È PRECISO

Traduzione

Italiano	*È preciso*
Inglese	*He is very careful*
Francese	*Il est précis*
Spagnolo	*Es muy prolija*

Mimica

Indice e pollice ad occhiello, le altre distese, tracciano un movimento orizzontale o verticale.

Gesto simbolico

Le dita ad occhiello indicano la perfezione del cerchio. Il movimento orizzontale o verticale svolge il compito di enfatizzare il gesto. Frequentemente il movimento verticale viene riferito ad un vestito che cade perfettamente a chi lo indossa.

90 – NU PIEZZO D'OMMO

Traduzione

Italiano	*È un uomo prestante*
Inglese	*He's good-looking*
Francese	*Il est un homme de belle prestance*
Spagnolo	*Es un pedazo de hombre*

Mimica

Le braccia a semicerchio vegono spinte all'esterno all'altezza del torace.

Gesto mimico

La prestanza dell'uomo viene qui rappresentata dalle notevoli dimensioni del torace.

91 - M'ABBRUSCIA 'O FRONTE

Traduzione

Italiano	*Sono assillato da problemi (Lett. mi brucia la fronte)*
Inglese	*I have a lot of problems*
Francese	*J'ai beaucoup de problèmes*
Spagnolo	*Me hierve la cabeza*

Mimica

Il dorso della mano viene posto sulla fronte.

Gesto simbolico

Con questo gesto si vuole dimostrare che si ha bisogno di protezione, scacciando eventuali seccature in arrivo.

92 – ADDERETO 'E CCANCELLE

Traduzione

Italiano	*In carcere*
Inglese	*In prison*
Francese	*En prison*
Spagnolo	*En prison*

Mimica

1. La mano aperta è posta davanti al viso a simulare le grate della cella di una prigione.

2. I polsi sono incrociati l'uno sull'altro con le mani a pugno indicando la costrizione delle manette.

Gesto mimico

Questi gesti talvolta indicano anche il dominio che una persona ha sull'altra.

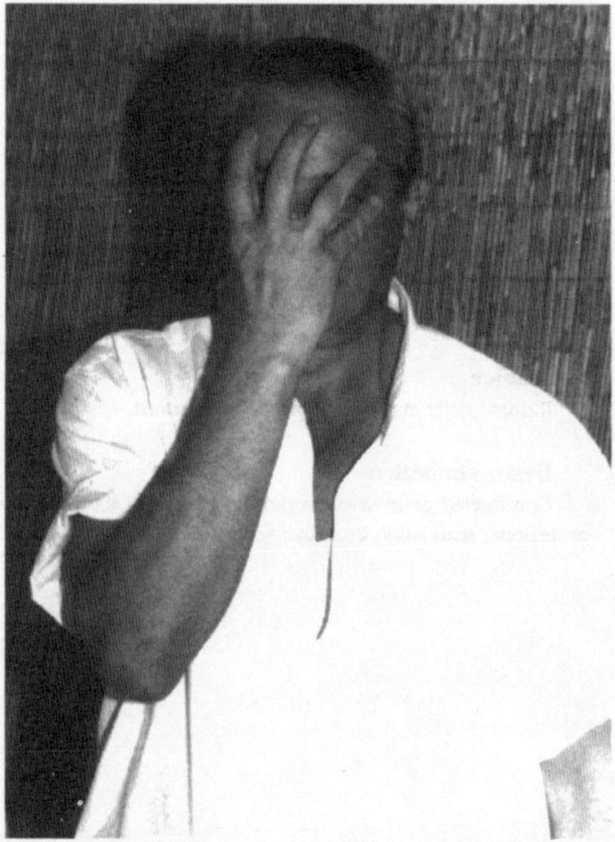

93 – NÙ PIEZZO

Traduzione

Italiano	*Un pezzo*
Inglese	*A bit*
Francese	*Un morceau*
Spagnolo	*Un trozo*

Mimica

La mano sinistra è posta di taglio sull'avambraccio della mano destra che si mostra piatta e tesa.

Gesto mimico

Con questo gesto viene indicata la dimensione dell'oggetto che si richiede: ad esempio questo gesto si accompagna all'espressione: "ci facciamo un pezzo di pane?" oppure "ho visto una zoccola grande così!".

Spesso questo gesto assume una connotazione oscena indicando la lunghezza del membro maschile. A tale proposito si rimanda alla lettura del gesto n. 61.

94 - 'A METÀ, LA MEZZA

Traduzione

Italiano	*La metà, mezzogiorno e mezzo*
Inglese	*A half, it's half past twelve*
Francese	*La moitié, il est midi et démi*
Spagnolo	*La mitad, mediodia*

Mimica

La mano a pugno con il mignolo teso compie un breve percorso orizzontale.

Gesto mimico

Il gesto a mezz'aria taglia e divide esattamente a metà ciò a cui ci si sta riferendo, si tratti dell'ora, di cibo, di percentuale ecc.

95 – JUSTO A METÀ

Traduzione

Italiano	*Esattamente la metà*
Inglese	*A half*
Francese	*La moitiè*
Spagnolo	*Justo a mitad*

Mimica

La mano ad ascia si muove dall'alto verso il basso.

Gesto mimico

Il movimento divide idealmente lo spazio che si ha di fronte in due parti uguali.

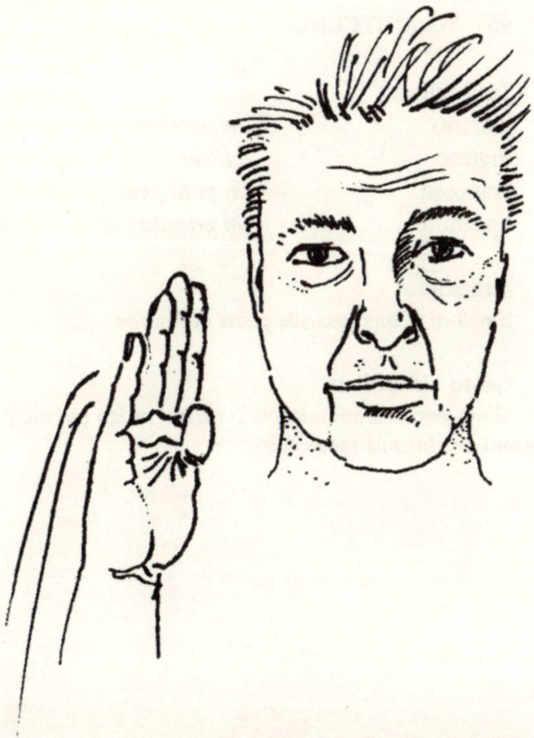

96 – 'NA ANTECCHIA

Traduzione

Italiano	*Un pochino*
Inglese	*A little*
Francese	*Un petit peu*
Spagnolo	*Un granito*

Mimica

Il pollice si appoggia alla punta dell'indice.

Gesto simbolico

Si usa per indicare quantità o oggetti molto piccoli, grandi quanto una briciola (antecchia).

97 – 'NA FELLA

Traduzione

Italiano	*Una fetta*
Inglese	*A slice*
Francese	*Une tranche*
Spagnolo	*Una feta*

Mimica

Inclinando una mano ad ascia si lascia scivolare ripetutamente sul dorso dell'altra imitando così l'azione del coltello che taglia una fetta.

Gesto mimico

Espressione e gesto vengono usati per indicare pane, pesce o altro tagliati a fette.

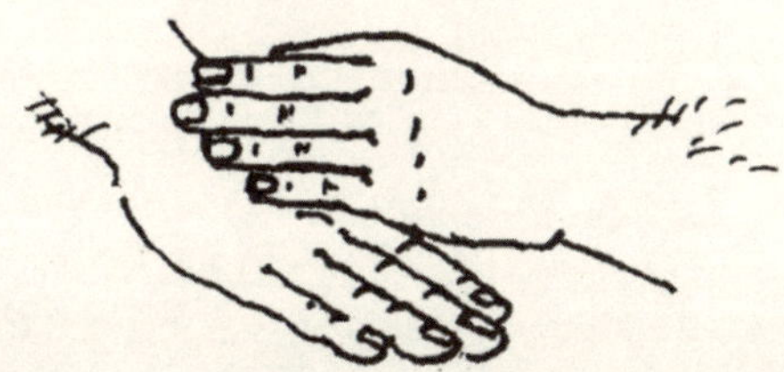

98 - MANNAGGIA!

Traduzione

Italiano *Maledizione!*
Inglese *Damm!*
Francese *Malédiction!*
Spagnolo *¡Maldición!*

Mimica

Ci si morde l'indice agitando la testa sui due lati.

Gesto simbolico

In questo gesto la minaccia è costituita dall'atto di mordere l'avversario.

99 – PE CARITÀ!

Traduzione

Italiano	*Per carità!*
Inglese	*God heavens, no!*
Francese	*Pour l'amour de Dieu!*
Spagnolo	*¡Por favor!*

Mimica

Le mani vengono poste all'altezza del petto in atto di preghiera o di supplica affinché l'interlocutore desista dalle sue richieste.

Gesto mimico

Spesso questo gesto viene seguito dall'apertura delle braccia mostrando il petto senza protezione come per dire "non infierire ancora su di me: non vedi che sono indifeso?"

100 - ARAPIMMO E CHIUDIMMO 'STA PARENTESI

Traduzione

Italiano	*Chiudiamo questa parentesi*
Inglese	*Let's bring this aside*
Francese	*On ferme cette parenthèse*
Spagnolo	*Abramos y cerremos parentesis*

Mimica

Gli indici tesi o leggermente curvati tracciano nell'aria due semilune.

Gesto simbolico

È l'atto polemico di sottolineare un evento, generalmente spiacevole, su cui non si intende più ritornare ma che serve a dare maggiore enfasi alle proprie argomentazioni durante una discussione. Talvolta serve anche a porre fine o a circoscrivere una questione spiacevole come una frase, un inciso racchiuso in una parentesi.

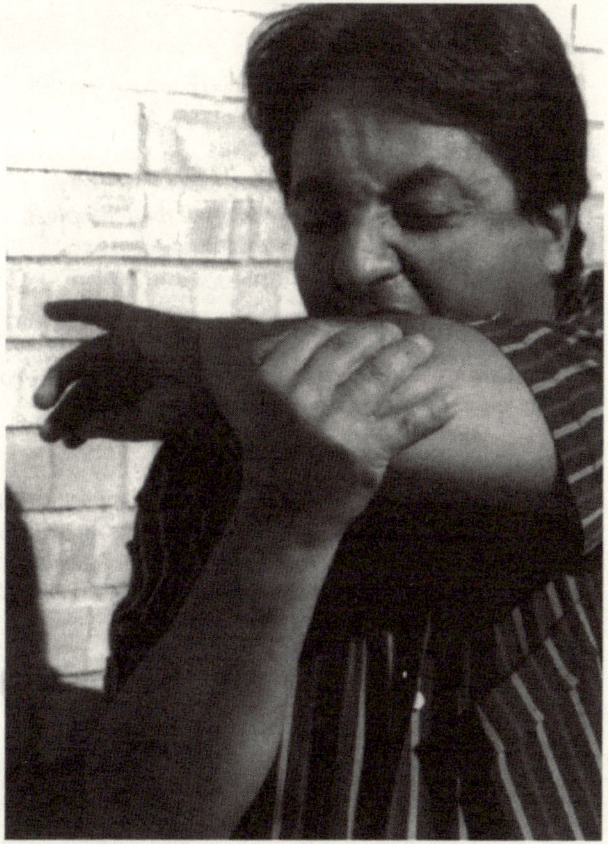

101 – T'HE MUZZECÀ 'O GÙVETO

Traduzione

Italiano	*Ti devi mordere il gomito*
Inglese	*You have to bite your elbow*
Francese	*Tu dois te mordre le coude*
Spagnolo	*Morderse los codos*

Mimica

1. Si fa l'atto di mordere il gomito.

2. Si schiaffeggia ripetutamente il gomito mentre l'avambraccio viene messo in orizzontale.

Gesto simbolico

Si fa uso di questo gesto di stizza per indicare quanto sia inutile, impossibile cercare di recuperare una situazione che non sia stata vissuta o sfruttata opportunamente al momento propizio.

102 - MMIEZ 'A TUTTA STÀ GENTE...

Traduzione

Italiano	*Fra tutta questa gente...*
Inglese	*Among all these people...*
Francese	*Parmi tous ces gens...*
Spagnolo	*Entre toda esta gente...*

Mimica

Le due mani con le dita racchiuse nel centro del palmo e con gli indici tesi rivolti verso l'alto tracciano dei cerchi.

Gesto mimico

Il mulinare delle due mani rappresenta la moltitudine delle persone a cui sarebbe potuto toccare una congiuntura o un episodio sfavorevole e che invece si è rivolto contro se stessi. Il gesto inevitabilmente si conclude riunendo al centro del petto le mani a borsa ed esclamando "proprio a mme aveva capità?!".

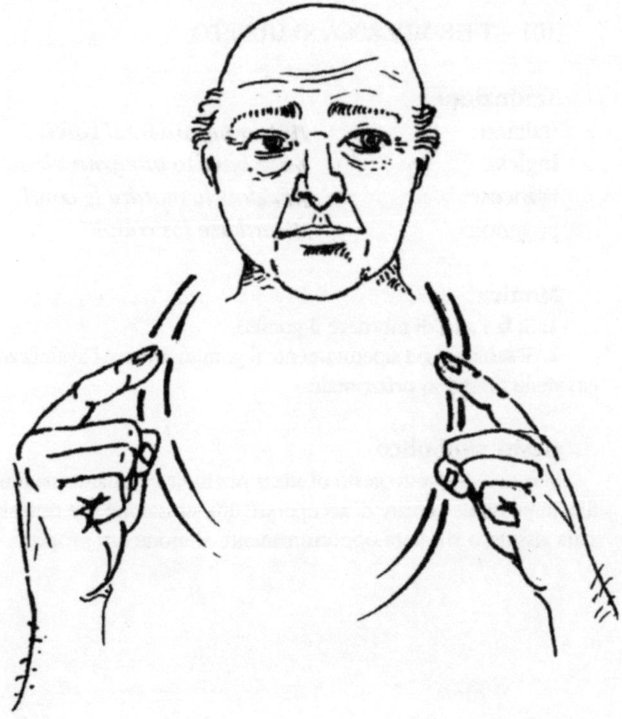

103 - LASSAMMO STA', NUN NE PARLAMMO CCHIÙ

Traduzione

Italiano	*Lasciamo perdere*
Inglese	*Let's forget about it, the least said the better*
Francese	*Laissons tomber, n'en parlons plus*
Spagnolo	*Dejemoslo hay, cuajar*

Mimica

1. La mano e il braccio vengono spinti in avanti con il dorso rivolto verso l'esterno. La mano con le dita distese compie un breve semicerchio come per scacciare un insetto molesto.

2. I palmi delle mani vengono spinti in avanti verso l'interlocutore.

Gesto mimico

Molto spesso vengono usati per enfatizzare l'espressione che li accompagna riferiti ad un argomento di cui si è parlato a sufficienza e che non presenta alcuna soluzione conclusiva tra due pareri discordanti. L'unica soluzione allora è interrompere la discussione.

104 – ARRUBBÀ, È NU MARIUOLO

Traduzione

Italiano	*Rubare, è un ladro*
Inglese	*To steal, he is a thief*
Francese	*Voler, il est un voleur*
Spagnolo	*Robar, es un ladrón*

Mimica

Vengono portate molto velocemente le dita, dal mignolo all'indice, al centro del palmo della mano che ruota leggermente.

Gesto simbolico

Significa prendere alla svelta e nascondere ciò che si è preso.

La parola "mariuolo" o"mariolo" deve la sua origine alla processione che si celebrava fino al X secolo in occasione della festa delle Marie dove dodici ragazze finemente e riccamente vestite, poi in seguito sostituite da figure grandi dette "Marione", o piccole, le "Marionette" o "Mariole", servivano a commemorare il rapimento di altrettante ragazze ad opera dei saraceni.

105 – CE VEDIMMO, STATTE BUONO!

Traduzione

Italiano	*Ci vediamo, Ciao!*
Inglese	*Take care, see you!*
Francese	*A bientot, au revoir!*
Spagnolo	*¡Nos vemos!, !que andes bien!*

Mimica

La mano con il palmo disteso e le punte rivolte verso l'alto viene fatta oscillare all'altezza del volto.

Gesto simbolico

Il gesto viene usato generalmente come forma di saluto o per indicare l'addio a una situazione favorevole. L'oscillazione della mano infatti potrebbe indicare la diversa direzione, la separazione di due persone dopo il commiato.

106 – ME NE STÒ JENNO

Traduzione

Italiano	*Sto andando via*
Inglese	*I'm going away*
Francese	*Je m'en vais*
Spagnolo	*Me estoy yendo*

Mimica

Il palmo disteso con il dorso rivolto verso l'alto con le dita portate ad angolo retto viene fatto oscillare più volte. Frequentemente il pollice ed il mignolo vengono distesi.

Gesto simbolico

L'andar via è un gesto composto ove ogni movimento o posizione delle dita possiede un proprio significato che si integra, arricchisce ed amplifica il gesto nel suo complesso.

Le dita piegate ad angolo retto richiamano alla memoria l'atto del raccogliere come in un fardello i propri beni prima di partire; l'oscillazione a pendolo di tutta la mano indicherebbe invece la diversa direzione che le due persone prenderanno dopo il commiato (vedi gesto n. 105) mentre la posizione del pollice, spesso tenuto in posizione orizzontale, sottolineerebbe la direzione presa da chi compie il gesto.

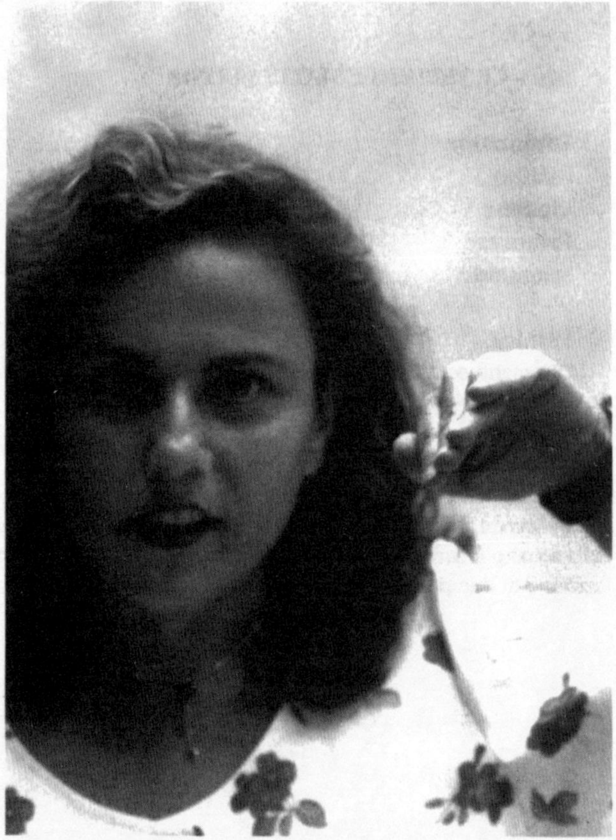

107 - ZITTO!

Traduzione

Italiano	*Silenzio!*
Inglese	*Shut up!*
Francese	*Tais-toi!*
Spagnolo	*¡Silencio!*

Mimica

L'indice viene posto verticalmente davanti al naso ed alla bocca.

Gesto mimico

L'indice in questo modo denota la chiusura della bocca; si consiglia perciò con determinazione che la persona dovrà stare in silenzio.

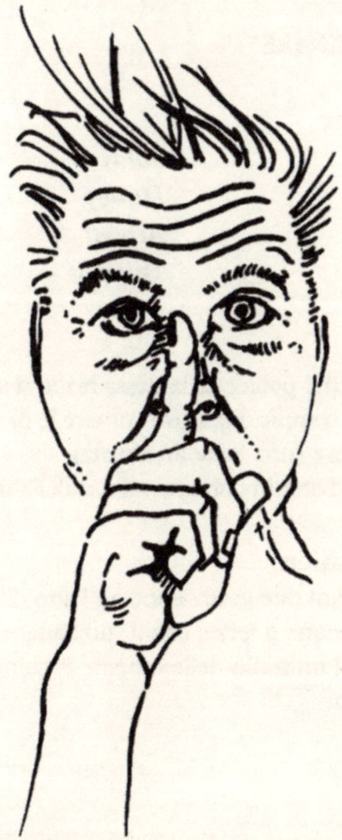

108 - 'E DENARE

Traduzione

Italiano	*Soldi*
Inglese	*Money*
Francese	*Argent*
Spagnolo	*Dineros*

Mimica

1. L'indice ed il pollice della stessa mano si sfregano le punte.

2. La mano compie il gesto di contare le banconote poggiandole una sull'altra (una 'ncuollo a n'ata).

3. La mano batte in corrispondenza della tasca.

Gesto mimico

Mentre i primi due gesti denotano l'atto di numerare le monete o le banconote, il terzo, con il suo battere sulla tasca, serve a far ascoltare il tintinnio delle monete e quindi a denotare un atto di possesso.

109 - CHE STANCHEZZA!

Traduzione

Italiano	*Che stanchezza!*
Inglese	*Oh, I'm tired!*
Francese	*Quelle fatigue!*
Spagnolo	*¡Que cansancio!*

Mimica

Il pollice o l'indice con la punta rivolta verso l'alto fa l'atto del tergere il sudore sulla fronte.

110 - TENGO LL'UOCCHIE ABBUFFATE

Traduzione

Italiano	*Che stanchezza*
Inglese	*Oh, I'm tired*
Francese	*Quelle fatigue*
Spagnolo	*Que cansancio*

Mimica

Le mani, disposte "a doccia" con le punte rivolte verso le orbite oculari, vengono fatte brevemente oscillare avanti e indietro.

Gesto mimico

Si fa esplicito riferimento al gonfiore degli occhi in seguito ad attività stancanti o ad esposizione di questi ad agenti allergici.

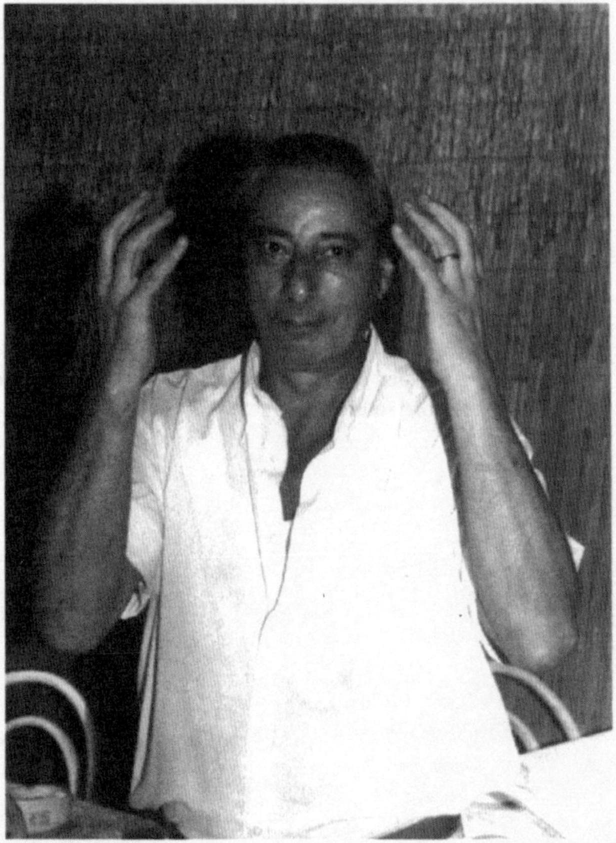

111 – TENE 'A CAPA TOSTA

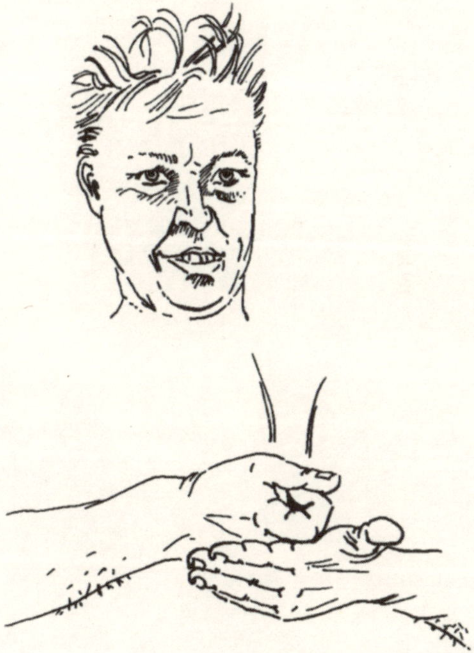

Traduzione

Italiano	*È un testardo*
Inglese	*He is stubborn*
Francese	*Il est tètu*
Spagnolo	*Es un testarudo*

Mimica

Si battono le nocche del pugno su una superficie possibilmente dura o sull'altra mano.

Gesto mimico

Il gesto sta ad indicare la scarsa o nulla ricettività dell'interlocutore a modificare anche in modo lieve la propria posizione in seguito a critiche o semplici consigli.

NOTE

[1] A. De Jorio, ***La mimica degli Antichi Investigata nel Gestire Napoletano***, Arnaldo Forni Ed., 1832.

[2] D. Morris, ***L'uomo e i suoi gesti***, Mondadori, Milano, 1977. ***I gesti, origini e diffusione***, Mondadori, Milano, 1983.

[3] F. Pessoa, ***Il libro dell'inquietudine***, Feltrinelli, Milano, 1996, p. 51.

INDICE DEI GESTI

INDICE DEI GESTI

Mano a borsa

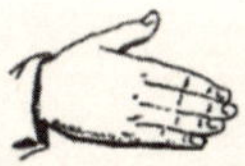
Mano ad ascia

Mano a doccia

Mano distesa

Mani congiunte

Mano a pugno

1. **Mano a borsa**

1.1 Punte rivolte all'insù

- Punta delle dita chiuse

Oscillazione sul polso — Che vvuò (11)

Punte rivolte verso la bocca

Avambraccio in verticale

Punta delle dita verso l'esterno, oscillazione del polso — Chiòcchiò (19)

Avambraccio portato in su e giù — Battilocchio (39)

Avambraccio ruotato — Sì nu Turzo (20)

- Punta delle dita che si aprono e chiudono ad intermittenza	
Punte rivolte all'insù	
Gesto a due mani	Nce stà Folla (78)
Gesto ad una mano sola	L'abrucia 'o Culo (24)
	Facimmo ampressa (38)
	Me Fotto 'e Paura (86)
Punte rivolte orizzontalmente	È nu voccaperta (43)
1.2 Punte rivolte all'ingiù	
Che toccano lo stomaco	Me sta 'ncopp'o stommaco (42)
Che tocano la fronte	Che te passa pa capa? (58)
1.3 Punte rivolte verso la bocca	
Avambraccio in verticale	Mmmocca Mmocca (18)
Avambraccio mai in verticale	Tengo Famme (67)

2. **Mano ad ascia**

2.1 Dita che formano un occhiello	
Punta delle dita rivolte davanti	Statte accuorto (69)
Punta delle dita rivolte lateralmente	È preciso (89)
2.2 Dita non formanti un occhiello	
Mano che si muove dal basso in alto	
Polso fermo	Va Fujenno (16)

Polso in movimento VATTENNE (85)

Mano che si muove dall'alto in basso
Polso fermo
Punte verso l'esterno, al centro della persona JUSTO A METÀ (95)
Punte rivolte verso terra CIUNCATE CCA' (84)
Polso in movimento TE VATTO (68)

Mano al centro della fronte
Con l'indice 'NA MAZZATA 'NFRONTE (22)
Con il mignolo TE SPACCO 'A CAPA (76)

Mani che delimitano la zona dei genitali PUORTACE A CHISTO! (63)

Mano all'altezza della gola TE TAGLIO 'O CANNARONE (71)

Mano posta obliquamente
Sull'altra mano 'NA FELLA (97)
Sull'avambraccio 'NU PIEZZO (93)

3. **Mano a doccia**

Punte rivolte verso il basso AUM AUM (15)
Punte rivolte verso gli occhi
Tono minaccioso T'ABBOFFO LL'UOCCHIE (75)

Gesto	Espressione
Tono non minaccioso	Tengo ll'Uocchie abbuffate (110)
Punte rivolte verso l'alto	È asciuto Pazzo (25)

4. Mano distesa

Gesto	Espressione
- Oscillazione sull'asse maggiore	
Gesto rapido e accennato	Accussì Accussì (17)
Gesto lento e completo	Ha cagnato (10)
- Rotazione sull'asse maggiore	All'ata Parte (27)
- Braccio disteso, movimento dal basso verso l'alto	Vide a chisto! (28)
- Capo reclinato	Me ne vaco a cuccà (35)
- Indice che percorre il palmo dell'altra mano	Sta scritto (54)
- Palmo rivolto verso la spalla	
Movimento del solo avambraccio	Ajere (56)
Movimento dell'avambraccio, del polso e delle dita	Statte buono (105)
- Mano davanti al viso	
Sventagliata	Si asciuto pazzo? (57)
Aperta, palmo leggermente distanziato dal viso	Addereto 'e cancelle (92)
Aderente al viso	Maronna mia! (30)
- Mani che circondano le guance	T'abboffo 'a faccia 'e paccare (77)
- Mani che circondano la testa	M'he fatto 'a capa tanta (44)
- Mani che sfregano l'una sull'altra	Buono! (4)
- La mano viene morsa	Mannaggia (98)
- Mani curve fatte oscillare nella zona dei genitali	M'he abbuffato 'a guallera (40)

- Mano con il palmo rivolto verso terra — CHIANO CHIANO (1)
- Le punte delle dita sfregano sul palmo dell'altra — ME PRODONO 'E MMANE (73)
- Dita distese ad angolo retto

Mano che percuote l'altra a tubo — L'HE PIGLIATO 'NCULO! (23)
Mano che si muove liberamente — VUÒ FA? (50)
Mano con oscillazione a pendolo — ME NE STÒ JENNO (106)

5. **Mani congiunte** — CHE VUO' CCHIU'? (13)

6. **Mano a pugno**

Movimento dell'avambraccio in orizzontale — PERETA (51)
Pollice sporgente fra indice e medio — MANO IN FICA (65)
Avvitamento sulla guancia — BELLA GUAGLIONA (3)

7. **Dita distese in varia maniera**

7.1 In orizzontale

Solamente gli indici

Movimento circolare

Davanti al corpo — DIMMANE, AROPPO (33)
Vicino le orecchie — TE TENGO SEMPE DINT'E RRECCHIE (45)

Movimento delle mani a semicerchio — ARAPIMMO E CHIUDIMMO 'STA PARENTESI (100)
Pollice alla base dell'indice — L'HA FATTO CHIAGNERE A TANTO 'E LACREME (32)

Punta rivolta verso la bocca socchiusa	Famme nu' Bucchino (52)
Dita ravvicinate	
Lungo i lati	Se songo accucchiate (14)
Per le punte	Stanno accussi' (59)
- Indice e medio	Te ceco ll'uocchie (72)
- Indice e mignolo	Tiene 'e corna (60)

7.2 In verticale

Solamente gli indici	
Movimento circolare	Mmiez'a tutta stà gente... (102)
Dito davanti a bocca e naso	Zitto! (107)
Dito che tocca il lobo dell'orecchio	Sì Ricchione (62)
- Solamente il mignolo	È sicco sicco (66)
- Indice e medio	
Dita riunite	E' muorto (79)
Dita a "V"	Vulesse fummà (48)
- Indice e mignolo	Tiene 'e corna (60)

7.3 Dita formanti un cerchio	Tene 'na diece 'e furtuna (47)
	Te faccio nu mazzo tanto! (70)

- Dita incrociate	T'O GGIURO! (53)
- Pollice ad uncino	L'HA ACCHIAPPATO 'NCANNA (31)
- Pollice ed indice formanti un semicerchio	TUTT'E DDUJE (36)
- Pollice che scivola	
Lungo la guancia	È 'NA CARTA 'E TRESSETTE (6)
Lungo la fronte	CHE STANCHEZZA! (109)
- Pollice ed indice riuniti	
Davanti alla bocca	'NA TAZZULELLA 'E CAFÈ (9)
Sulla gola	TE TENGO 'NCANNA (46)
Su di un labbro	M'ALLISCIO 'E MUSTACCHI (2)
8. **Braccia allargate**	
Davanti al torace	È NU PIEZZO D'OMMO (90)
Davanti al ventre	STÀ PRENA (55)
Davanti alla pancia	CHIATTONE (88)
Lateralmente ed agitate	UANEMA (37)

Cocchiara G., 1932, *Il linguaggio del gesto*, Bocca, Torino.
De Jorio A., 1832, *La mimica degli Antichi Investigata nel Gestire Napoletano*, Arnaldo Forni Ed.
Goffman E., 1963, *Il comportamento in pubblico*, Einaudi, Torino.
Morris D., 1968, *La scimmia nuda*, Bompiani, Milano.
Morris D., 1972, *Il comportamento intimo*, Mondadori, Milano.
Morris D., 1977, *L'uomo e i suoi gesti*, Mondadori, Milano.
Morris D., 1983, *I gesti, origini e diffusione*, Mondadori, Milano.

Ringraziare tutti quelli che con pazienza hanno prestato i loro volti o il loro acume è un atto dovuto ma soprattutto un "gesto" d'affetto.
Chi sono i "modelli", consapevoli e non, che ammirate nelle foto di questo libro?

Bruno ringrazia:
Gino Santoro (6, 57, 68, 71) è un *factotum* nell'edilizia e sta diventando un eccellente ebanista; lui non lo sa ma è un piccolo genio. Anche a lui è stato dedicato con struggente affetto questo libro. Rosario Arcamone (13, 89, 100) più di un amico, più di un fratello è... un chitarrista. Ciro Verde (14, 35, 43, 44, 45, 91) allegro, ironico, disincantato, sempre "filosofo". Claudia Colombo (55, 72, 75, 88, 99) ed Enzo Castronuovo (28) fortunato quanto casuale incontro. La loro timidezza davanti all'obbiettivo è durata poco. Don Ciro Schiraldi (5, 7, 33, 42, 93, 108, 109) mimica incredibile ed inguaribile cercatore di funghi. Amalia De Pascale (16, 19, 20, 80, 87, 106), occhi veloci e "mariuoli". Michele Della Loggia (31, 101) è la fantasia del linguaggio: ha una forte umanità, è generoso ed è talmente comunista che anche quando sta da solo riesce a stare all'opposizione. Paolo Neroni (3) ha una *vis comica* notevolissima e credo che avrà successo come attore brillante. Vincenzo Aprea (12, 47, 78, 105) ha avuto una vita tormentata: spero che questo libro possa fargli tornare anche per un solo momento il sorriso. Don Carlo Romano (2) e Don Pasquale (85), parcheggiatori, divertiti ed esuberanti complici di questo libro. Ringrazio la maschera tragicomica di Lucio Brunetti (32). Enzo Ricci (8, 23, 38, 46, 61, 69, 70, 90, 104) è mio zio e se lo conosceste mi invidiereste. Riesce sempre a vedere con finezza e acume fra le pieghe dell'animo, scorgendo sempre qualcosa di nuovo. Ha il dono di un'impareggiabile senso dell'ironia.

Marina ringrazia:
Antonio Cortese detto "Scarola" (8, 22, 60) che ha avuto il piacere di rivedere e fotografare durante una sua breve visita a Napoli.
Carmine Palma (21, 25, 36, 41, 50, 51, 52, 53, 63, 64, 73, 74, 76, 83, 84, 94, 98) che con la sua incredibile mimica partenopea ha reso possibile la realizzazione di alcune delle migliori fotografie di questo libro.

Filippo Salemme (62) per essersi pazientemente prestato nonostante l'ora tarda.
Ciro Ferrara (9, 44, 46, 89, 92, 110) persona estremamente cordiale e simpatica, oltre che ottimo pizzaiolo. Lo potete trovare tutte le sere da "Rocco e i suoi fratelli".

Per la rilettura critica del testo
Bruno ringrazia:
Adele Chierchia, donna preziosa con un unico neo: è mia moglie. Lena Ricci (17, 18, 40, 77) mamma a "tutto tondo": che dire di più? Ugo Ricci (altro zio) un uomo-setaccio; ha centellinato, soppesato, valutato con intelligenza come un farmacista intento a preparazioni galeniche, ogni parola. Gli voglio bene come a pochi.
Sandro Sansone ha talento da artista. Suoniamo musica napoletana, facciamo mille progetti e fantastichiamo spesso un sogno irrealizzabile: costruire insieme un presepe marino.
Francesco Fusco è il mio "fidanzato" come amorevolmente commenta Francesca "Ugo" Dati alias sua moglie. I "Fuschi" sono per me una bussola, un pezzo del mio corpo ed uno sguardo lontano.
Giovanni Masullo e la sua lentezza da saggio. Laura Carranza, Coral Acosta (argentine, anzi còordòobès cioè di Cordoba dove parlano con questo strano accento cantilenante) e Josè Prieto, spagnolo. Sono tutti professori universitari, insegnano Ecologia Vegetale; avevano dignità e credibilità fino al momento in cui, con allegria, hanno tradotto le espressioni dal napoletano in spagnolo.
Un ringraziamento particolare a Marina Sorge. Senza di lei difficilmente avrei portato a termine questo libro. È stata una compagna di viaggio ideale.

Marina ringrazia:
Un ringraziamento particolare a Nello Minervino per la sua pazienza e i suoi preziosi consigli.
Bruno Paura per averla accompagnata in questa avventura con il suo entusiasmo e il suo amore per Napoli.

La gran parte delle persone citate non si conoscono tra loro ma hanno qualcosa di forte in comune: sono tutti napoletani recidivi che non sono attaccati alla loro terra, ne sono parte.

Finito di stampare
per conto delle Edizioni Intra Moenia
nel gennaio 2014
presso «Cangiano Grafica s.r.l.» di Napoli